Lernweltforschung
Band 8

Herausgegeben von
H. von Felden, Mainz, Deutschland
R. Egger, Graz, Österreich

Rudolf Egger

Lebenslanges Lernen in der Universität

Wie funktioniert gute Hochschullehre und wie lernen Hochschullehrende ihren Beruf

 Springer VS

Rudolf Egger
Karl-Franzens-Universität
Graz, Österreich

ISBN 978-3-531-17845-5   ISBN 978-3-531-18940-6 (eBook)
DOI 10.1007/978-3-531-18940-6

Die Deutsche Nationalbibliothek verzeichnet diese Publikation in der Deutschen National-
bibliografie; detaillierte bibliografische Daten sind im Internet über http://dnb.d-nb.de
abrufbar.

Springer VS
© Springer Fachmedien Wiesbaden 2012

Springer VS ist eine Marke von Springer DE. Springer DE ist Teil der Fachverlagsgruppe
Springer Science+Business Media
www.springer-vs.de

Inhaltsverzeichnis

1. Einleitung: Bildung oder Performance?

Zusammengehalten werden Gesellschaf-
ten durch gemeinsame Vokabulare und
gemeinsame Hoffnungen.

(Rorty 1989, S. 147 f.)

Was die gegenwärtige und zukünftige Rolle, die Funktion und die Aufgaben der Universitäten betrifft, so werden dazu Begriffe, wie Qualitätsdebatte, Qualitätsbewertung, Steuerungsmaßnahmen zur Qualitätssicherung bzw. -förderung in einer Häufung verwendet (vgl. dazu exemplarisch Daxner 2001, Winter 2002, Hochschulrektorenkonferenz 2006, Ditton 2010), wie in früheren Zeiten Forderungen nach Chancengleichheit, Mündigkeit oder Emanzipation aufzutauchen pflegten. Ob die hier dahinterstehenden Lenkungseffekte auch tatsächlich zu einem Mehr an „Qualitäts-Kultur" führen können, bleibt dabei meist genauso vage, wie die Einlösung der gesellschaftlichen Aufbruchsvokabeln der sechziger und siebziger Jahre des letzten Jahrhunderts. In ihrer Grundgestalt ähneln sich aber heute wie damals die Anforderungen (und auch die damit verbundenen Überforderungen) an diese Institution, die das Kunststück zuwege bringen soll, das Verhältnis von Bildung durch Wissenschaft, von Orientierung und Entwicklung und damit von Normensetzung und deren gleichzeitige Überschreitung zu bestimmen. Was in diesen Prozessen als Qualität verstanden wird und wie diese Entscheidungen in Messoperationen ihren Niederschlag finden, ist dabei höchst unterschiedlich, wenngleich der Druck, Qualität und Attraktivität an den Studienstandorten zu gewährleisten, durch die angestrebten flächendeckenden Akkreditierungs- und Evaluationsverfahren noch steigen wird. Als

Veranlassungen zu dieser „Qualitätsoffensive" werden vor allem allgemeine Schlagwörter wie Wissensökonomie, Employability, globaler Wettbewerb, der Rückgang staatlicher Grundfinanzierung für Universitäten, aber auch universitätsspezifische Entwicklungen, wie eine verstärkte Evidenzerwartung des Wirtschaftssystems und ein sich daraus aufbauender Rechtfertigungsdruck zu „Output Awareness" verwendet (vgl. dazu u. a. Bok 2003, Altbach 2004, Slaughter/Rhoades 2004, Teichler 2005, Liessmann 2006, Stegemann 2007). So reichhaltig z. B. hier die einzelnen Verfahren und Messmethoden (systeminterne Leistungsmessung, Ratings, Tests, Indikatoren Reviews, Evaluationen, Gutachten, Akkreditierungen, Lizensierungen, Audits u. dgl.) in den ExpertInnen-Diskursen über die begrifflichen und methodischen Ansprüche an Qualität auch erörtert werden (vgl. dazu u. a. Teichler/Tippelt 2005, Münch 2008, Sauder/Espaland 2009), so ideologisiert scheint die Diskussion über die inhaltliche Bestimmung von Qualitätsparametern zu sein, wobei in der Praxis eine wachsende „Herrschaft der Indikatoren" (Teichler 2011, S. 2) befürchtet wird. Desgleichen gilt für die Verschiedenartigkeit der Maßstäbe für Qualität (Exzellenz-Standards, relative „fitness for purpose" u. a.). Die hier auf die Universitäten zukommenden Wellen von indikatorengesteuerten Entwicklungsplänen sind dabei als Versuche zu verstehen, das komplexe Gefüge der Hervorbringung und Vermittlung von Wissen linear abbilden zu wollen. Der universelle Standard des ökonomischen Systems stützt sich dabei auf eine spezifisch bürokratische Form der Reproduktion von Gesellschaft, die die wissenschaftsimmanenten Formen des Zweifels, der Entschleunigung oder der zweckfreien und handlungsentlasteten Grundlagenforschung außer Kraft zu setzen vermag. Dieser Vorgang ist unmittelbar verbunden mit der Schaffung einer ökonomisierten Legitimität, die danach trachtet, alle anderen Formen universitärer Kultur (im Sinne eines Herrschaftsinstruments) auszuschließen. Die Bedingungen, unter denen wissenschaftliches Wissen und wissenschaftliche Bildung hergestellt, akkumuliert und kommuniziert werden, werden diesbezüglich vereinheitlicht und innerhalb der unterschiedlichen Tauschakte monopolisiert. Diese Formen der Vereinheitlichung scheinen derzeit kaum aufhaltbar. Entscheidend wird dabei sein, welche Hintergrundkonstruktionen von Universität hierbei zum Vorschein kommen. Sich z. B. auf vorrangig „leicht" zu messende Veröffentlichungsratings zu beziehen, um den vielfältigen Bezügen universitärer Leistungen einen „geordneten Rahmen" zu geben, reduziert die Wirkungskräfte universitären Arbeitens sowohl innerhalb als auch außerhalb der Institution. *Durch Publikationsindizes werden aber auch sonst nützliche Leistungen nicht erfasst, z. B. umfangreiche Lehrtätigkeit in betreuungsintensiven Teilgebieten eines Faches, wie etwa in der Methodenausbildung mit Forschungspraktika, die Tätigkeit in Gutachterausschüssen, allerlei Beratungsfunktionen, in denen der Transfer zwischen Wissenschaft und Praxis stattfindet, was sich aber nicht in publizierten Aufsätzen in der engeren Fachliteratur niederschlägt. Es ist auch für die Befruchtung der Wissenschaft selbst durch die Konfrontation mit der Praxis nachteilig, wenn durch die alleinige Orientierung an standardisierenden Messinstrumenten solche Tätigkeiten systematisch abgewertet werden* (Münch 2008, S. 68). In diesem Sinne sind auch alle objektiv gemessenen Parameter stets bezogen auf die Grundsubstanz universitären Arbeitens und einer Gewichtung desselben im Hinblick auf die Akkumulation von sozialem und finanziellem Kapital.

Diese Zielsetzungen werden in den Institutionen heute in erster Linie als Managementaufgaben begriffen, die sich auch aus der immer noch verstärkenden Marktbezogenheit der gegenwärtigen Gesellschaftsform ergeben. Das Bildungssystem insgesamt ist hier aufgefordert – teils unter ökonomischen, teils aber auch unter gesellschafts- und wissenschaftspolitischen Imperativen –, sich innerhalb neuer Leistungsparameter zu bestimmen (vgl. u. a. Bok 2003, Donoghue 2008). Wohin die Reise hier tatsächlich führt, ist derzeit schon recht klar. Die vorrangig diskutierten Stoßrichtungen zielen dabei auf die Festlegung einer Bringschuld, in der die Universität als Instrument zur Erreichung gesellschaftlich (politisch) festgelegter Zwecke gesehen wird und kaum noch als ein der Aufklärung verpflichtetes System, das sich durch das Agens des Wissen-Wollens, durch eine spezifische Form der Spontaneität und der Freiheit des Forschens auszeichnet. Universitäres Arbeiten steht dabei vor der schwierigen Aufgabe, einerseits zu betonen, dass hier die Grundlagen von differenzierten, begrifflich anspruchsvollen Wahrnehmungen der Welt zu schaffen, zu kommunizieren und weiterzuentwickeln sind, und andererseits genau zu wissen, dass hier immer stärker die Regeln des kapitalistischen Systems gelten, dass die sich hier entwickelnden Ideen, Visionen und die begriffliche Arbeit erst einmal als dinghafte Ware, als ökonomisierter Output darstellen sollen. In Universitäten arbeitende Menschen (und dies gilt auch für Studierende) müssen sich zu diesem „permanenten ökonomischen Ausnahmezustand" entsprechend verhalten. Als Erfolgsparameter werden dazu meist die Linearität des Studienverlaufs, die Dauer der Studienzeiten, die Übertrittsquoten in Beschäftigungsverhältnisse, und auf der Seite der Lehrenden die hochgepriesenen Publikationsindizes und die Drittmittelakquisitionen angesehen. Diese Zahlenwerte sind zweifellos Befunde über die Leistungsfähigkeit eines „Anlageobjekts", gleichzeitig sagen sie aber kaum etwas über das Zustandekommen dieser Leistungen aus. Gerade viele geistes- und sozialwissenschaftliche Studienrichtungen, die in den letzten Jahrzehnten einen enormen Zustrom an Studierenden zu verzeichnen hatten (und immer noch haben), kommen hier meist schlecht weg. Es sind aber nicht nur die überquellenden Seminare und die immer dramatischer werdenden curricularen Voraussetzungskaskaden, um in weiterführende Veranstaltungen im Studienverlauf zu gelangen, die sich hier negativ auswirken. Studierende beginnen solche Studien oft auch in einer biographisch bedeutungsvollen Absicht, indem sie hier z. B. Antworten auf lebenspraktische Fragen zu finden hoffen. Wenn dies der Fall ist, hat dies auch Auswirkungen auf die „Verweildauer" und auch auf die grundsätzliche Ausrichtung der Fachbereiche in der Lehre allgemein. So homogen Studierendenkohorten auch aussehen mögen, so heterogen ist doch deren tatsächliche Zusammensetzung (vgl. u. a. Universität Kassel 2009, Berthold/Güttner/Leichsenring/Morzick 2011, Güttner 2011). Die Erwartungen an ein Studium (sowohl fachlich als auch sozial oder berufsbiographisch) zeigen heute zwar an der Oberfläche eine großteils pragmatische Studierendengeneration, die aber durchaus differenzierte Motive an die Universität herantragen. So ist nicht nur das Thema Gender hier wesentlich, sondern Diversity allgemein gehört zu den Querschnittsaufgaben jeder Universität. Noch viel zu selten stellen sich die Universitäten heute die Frage, wer eigentlich die Menschen sind, die ihrer Studiengänge frequentieren. Meist geht es einzig darum, wie sogenannte „Studierendenströme" gemanagt werden, wie viele StudienanfängerInnen welchen Lehrkapazitäten gegenüberstehen und welche Maßnahmen ergriffen werden können, den Bedarf und die Bedürfnisse der daran Beteiligten zu koordinieren. Hinter dieser verwaltungstechnisch schwierigen und manchmal nahezu unlösbaren Aufgabe zeigt sich aber ein Spektrum an höchst unterschiedlichen Studierenden, das sich aus sehr unterschiedlichen Altersgruppen, Ländern oder Milieus zusammensetzt. Die Gruppe der geradlinig aus der Schule kommenden inländischen Studierenden ist zwar immer noch am häufigsten vertreten, jedoch haben immer mehr Personen mehrjährige Berufserfahrungen, bringen andere kulturelle Muster und Erwartungen oder Familienbezüge mit, die einen bedeutenden Einfluss darauf haben können, welche Qualifikationen und Kompetenzen mitgebracht werden, und wie diese heterogenen Akteure im Vergleich mit der Normalkohorte ihr Studium bewältigen können. Diese Fragen sind auch wichtig für die Konzeptionen der Lehrkonzepte, gerade wenn es darum geht, die Bedingungen des lebensbegleitenden Lernens an den Universitäten ernst zu nehmen und auch diese Institution für „QuereinsteigerInnen zu öffnen. Universitäten und Studiengänge reagieren recht unterschiedlich auf solche Veränderungen, wobei auch berücksichtigt werden muss, dass sich die prägenden Lernszenarien hier (z. B. in Bezug auf neue Medien) ebenfalls pluralisiert haben.

Alle diese Forderungen treffen auf eine Situation an den Universitäten, die geprägt ist von widersprüchlichen Anforderungen. Nach Jahrzehnten der ansteigenden Studierendenzahlen und einer unzureichenden finanziellen Versorgung des universitären Sektors, die stets mit dem Versprechen verbunden war, dass die Dinge sich bald wieder „normalisieren" würden, scheinen wir nun in einem ökonomischen Ausnahmezustand angekommen zu sein, der zu einer Konstanten in der universitären Landschaft zu werden verspricht. Hier drohen, wegen der rigorosen Sparkurse, noch härtere Sparmaßnahmen und Belastungen für Studierende und Lehrende und die Zahl der unsicheren Arbeitsverhältnisse wird sich weiterhin steigern. Gleichzeitig hat sich hier aber auch die Monopolfunktion der Institution Universität durch die Entstehung außeruniversitärer potenter Forschungs- und Lehrangebote verändert. Auch diese institutionellen Umgestaltungen lassen die „Alma Mater" in einer eigenartigen Zwitterposition zwischen pragmatischer „Studierenden-Massenabfertigung" und einem verordneten Exklusivitätsanspruch in eine ungleiche und auch unfaire Konkurrenzsituation stolpern. Diese Trends haben auch beachtliche Auswirkungen für die Funktion und die Rolle der Lehre, denn man … *kann sogar Größe, Ausstattung und geringere Lehrbelastung als Zeichen von „Exzellenz" werten, weil es den Forschern anscheinend gelungen ist, durch ihre Leistungen eine große Forschungseinheit mit üppiger Ausstattung und geringer Lehrbelastung zu schaffen* (Münch 2008, S. 72).

Wie aber können hier Modalitäten des Ausgleichs zwischen dem subjektiven Streben und gemeinschaftlicher Kooperation geschaffen werden? Wie gelingt es etwa in der Forschungsgemeinschaft eines globalisierten Wettbewerbs, langfristig verlässliche „Orte" der Lehre aufzubauen, um auch dadurch die zur Identifikation mit der eigenen wissenschaftlichen Tätigkeit notwendigen Räume zu schaffen? Wie kompensiert die scientific community ihre oft radikale Bezogenheit auf sich selbst, ihre Ausrichtung an Fortschrittsversprechen und befriedigender Aufgabenbewältigung mit Gangarten, die den Sinn für die Nachhaltigkeit ihres Tuns in der konkreten Vermittlungs- und Aneignungspraxis ihrer Studierenden wieder beleben? Der Raum der Universität ist hierbei in sich durch verschiedene symbolische Kapitalsorten bestimmt. Genauso wie das Ranking der Fächer oder Fakultäten durch die ihnen zugeschriebene Menge an sozialem und/oder intellektuellem Kapital bestimmt wird, existiert der Gegensatz zwischen Forschung (im oberen Bereich des symbolischen Kapitalvolumens) und der Lehre am unteren Rand. Allen bisherigen hochschuldidaktischen Änderungsbemühungen zum Trotz haben sich diese „symbolischen Kapitale" nicht beträchtlich verschoben. Die klassischen hierarchisch gegliederten und forschungsgeleiteten Tätigkeitsebenen dominieren weiterhin und sind auch in der Außensicht für die Wahrnehmung und auch für das gesellschaftliche Selbstverständnis der Universität entscheidend. In diesem Sinne ist die Frage nach der „Rolle der Universität" auch zu einer Frage nach dem Selbstbild der hierin lehrenden WissenschafterInnen geworden. Wie sollen sie sich (über die Aufgabe je spezifischer Wissensgenerierung hinaus) heute verstehen? Dabei spielt die Frage nach der Lehre, nach der grundsätzlichen Verbindung zwischen Wissens- und Kompetenzformen eine zentrale Rolle. Wenn es darum geht, Schnittstellen zwischen Wissen-Schaffen und Kompetenzen-Erwerben zu schaffen, ist der fundamentale Auftrag jeder Universität auch daran zu bestimmen, wie Wissen in den jeweiligen Bezügen von Lernen, Aneignung und Welterweiterung dargestellt, kommuniziert und weiterentwickelt wird. Diese Verbindung wurde einmal als „Bildung durch Wissenschaft" bezeichnet, als eine Form der reflexiven Wissensaneignung und -generierung, die stets an einen gesellschaftlichen und individuellen Sinn gebunden bleiben muss. Wissen an sich schafft ja keinen Sinn, es kann ihn höchstens begründen, legitimieren, genauso wie eine Landkarte kein Ziel festlegt, sondern nur die mögliche Routen zu dessen Erreichung. Darüber hinaus sind Wissen und Kenntnisse auch kalte Medien der Vergesellschaftung, sie stiften keine Solidarität, kein Vertrauen und erst recht keine kollektiven Visionen. Je mehr wir wissen, desto mehr müssen wir auch darüber nachdenken, wie uns dieses Wissen das Zutrauen in eine gestaltbare Welt (wieder) ermöglicht. Der Ton der rein marktförmig organisierten „Bildungsmaschinerien" kann dies nicht leisten, im Gegenteil, er scheint unsere Verantwortungsräume weiter zu entleeren.

Genau dies geschieht auch auf der Ebene des Professionsverständnisses von universitär arbeitenden WissenschafterInnen was die Lehre betrifft, für deren Reflexion und Systematisierung der inneren Logiken und Zusammenhänge meist kaum Zeit und Raum bleibt. Die Lehre zeigt sich hierbei als „Subarena" akademischer Tätigkeiten, deren symbolischer Raum kaum zu einer wichtigen relationalen Platzierung in der Hierarchie der Universitätsangehörigen beiträgt. Der Zusammenhang zwischen systematischer Welterkundung, reflexiver kommunikativer Lehrtätigkeit und der sozialen Verantwortung von Wissenschaftslehrenden ist kaum ein Thema. Besonders augenscheinlich wird dies auch z. B. in Hinblick auf die Entwicklung neuer Curricula, wo auch auf Seiten der Studierenden die Produkt- und Platzierungsförmigkeit von Bewertungsarbeiten (Masterarbeiten, Dissertationen) oder die pädagogische Arbeit von Lehrenden einer wissenschaftshierarchiebezogenen Bewertung weicht. *Das ist der Weg der Bewältigung von Unsicherheit, der Rezeptionserfolge zum vorrangigen Qualitätskriterium der Forschung macht. Dieser Prozess beginnt z. B. in der Volkswirtschaftslehre schon damit, dass die Betreuer von Dissertationen ihre eigene Beratungs- und Begutachtungskompetenz an das anonyme Begutachtungsverfahren von Fachzeitschriften abtreten. Die Doktoranden reichen dann drei in Peer Reviewed Journals veröffentlichte Aufsätze als Dissertation ein. In letzter Konsequenz kann dann auch das Prädikat nach dem durchschnittlichen Impact-Faktor der entsprechenden Fachzeitschriften berechnet werden* (Münch 2008, S. 73). Diese Verfahren sollen dazu dienen, die Leistungen der einzelnen WissenschafterInnen, der Fachbereiche und Universitäten einem kompetitiven Modus zu unterwerfen, um die Qualität zu steigern. Lehrende und Lernende begegnen sich dabei nur noch ausschließlich in einer alles überstrahlenden permanenten Wettbewerbssituation.

Verstärkend dazu verläuft eine Entwicklungslinie, die universitäres Handeln fundamental an das ökonomische Kapital ausrichtet. Mit der Teilrechtsfähigkeit der Universitäten in Österreich und der Globalisierung der Haushalte insgesamt haben sich die Koordinaten der Bewertung universitärer Leistungen verschoben. Besonders deutlich wird dies an den Drittmittelanforderungen, den Exzellenzinitiativen und an dem Ausbau der Fachhochschulen in Österreich. Hierdurch sollen konkurrenzintensive und wirtschaftsnahe Bewegungen in den Universitäten erzwungen werden, die eine nachdrückliche Ökonomisierung unterstützen. Dies führt wiederum zu einer weiteren Stärkung der anwendungsorientierten Fächer und der industrienahen Forschung und Weiterbildung. Gleichzeitig werden diese Prozesse auf der Organisationsebene durch vielfältige Managementprozesse „begleitet", die die „soziale Konstruktion Universität" grundsätzlich und für alle Beteiligten deutlich spürbar verändern. Diese Veränderungen der institutionsspezifischen Rahmenbedingungen (die deutlich gesteigerte Indikatorensteuerung, der Bologna-Prozess, die immer präsente Diskussion um die Einführung von Studiengebühren oder zunehmende Studienplatzbeschränkungen und viele andere Entwicklungen) gehen auch mit interaktiven Aushandlungsprozessen im universitären Raum selbst einher, die auch grundlegende Auswirkungen auf die Lehre haben. Einmal sind hier verstärkte Bemühungen zur Out-Come-Orientierung und der Modularisierung von Lehre zu bemerken. Gleichzeitig wurde auch die Lehre einem ständig steigenden Konkurrenzkampf mit der Forschungsleistung unterworfen. Dieser Wandel des symbolischen Raums der Universitäten zeigt deutlich, dass diese (vor allem für junge WissenschafterInnen) widersprüchlichen Lebenswelten das Feld darstellen, in dem sie als Lehrende und ForscherInnen biographische Anschlussmöglichkeiten finden müssen.

Die hier beschriebenen institutionellen Bedingungen beeinflussen die Lebenswelten der hier Arbeitenden fundamental und verlangen Anpassungs- und Koordinierungsprozesse sowohl innerhalb der institutionellen Karriereverläufe als auch in den eigensinnigen biographischen Entwicklungen. Um nun darstellen zu können, wie diese Anschluss- und Passungsphänomene tatsächlich ablaufen und welche institutionellen, fachspezifischen und individuellen Ebenen hier wirken, werden hier die lebensweltlichen Strukturen von universitär Arbeitenden beschrieben. Aussagen über die Hintergrundkonstruktionen, Handlungskontexte und

Erwartungsmuster werden dabei in Bezug auf die hier vorgenommenen Prozesse der „Passung" von individuellen Vorstellungen und Dispositionen innerhalb der institutionellen Anforderungen erschlossen. Schütz und Luckmann (1979) zufolge fußt die Lebenswelt der Subjekte auf biographisch angeeigneten (meist unhinterfragten, weil funktionierenden) Clustern von lebensweltlich erprobtem Wissen, das meist nur in biographischen Umbruchphasen überprüft und neu formiert wird. Innerhalb dieser lebensweltlichen Strukturen werden aber permanent Prozesse des Aushandelns und Abgleichens vorgenommen, die wiederum als Lernprozesse dargestellt werden können. Gerade hier setzt die Lernweltforschung an, indem sie herausarbeitet, welche lebensweltlichen Strukturen den einzelnen Lernprozessen zugrundliegen und wie diese strukturelle (explizite und implizite) Relevanz erzeugen. Lernweltforschung kann hierbei sichtbar machen helfen, wie das Besondere durch allgemeine gesellschaftliche Strukturen vermittelt wird und welche biographischen Verläufe hier institutionell anschlussfähig und erfolgreich sind. Die Idee, Universitäten als Lernwelten zu betrachten, muss auf den ersten Blick nicht näher hinterfragt werden, ist sie doch eine der tragenden Säulen institutioneller Bildungsgrammatiken. Wie dieser „Bildungsauftrag" allerdings auf die dort arbeitenden Menschen wirkt, welche biographischen Aufschichtungsphänomene hier stattfinden, wie die Verbindungswege zwischen Forschung, Lehre und Verwaltung auf der einen Seite und wissenschaftlichen Lebenslauf und biographische Erfahrungsaufschichtung auf der anderen Seite tatsächlich eine Lernwelt darstellen, darüber gibt es sehr unterschiedliche Auffassungen. Natürlich ist die heutige Massenuniversität noch immer der lebensweltliche Horizont der überwiegenden Mehrheit, der darin beschäftigten WissenschafterInnen, jedoch haben diese längst auch andere Lebensmittelpunkte als BeraterInnen, Coaches, als GutachterInnen oder (Sub)UnternehmerInnen u. dgl. Die Alma Mater ist dabei von miteinander korrespondierenden, aber auch konkurrierenden Profilen herausgefordert, innerhalb derer die Aspekte der Entwicklung der Lehre vielfach nur an der Peripherie der Karrieren wahrgenommen werden. Diese Einschätzung hängt auch sehr eng mit der (schon erwähnten) verstärkten Konkurrenzsituation und den damit einhergehenden Imagebemühungen der einzelnen Universitäten zusammen. Der immer stärker werdende Druck, sich innerhalb internationaler Rankings zu platzieren und daraus öffentlichkeitswirksame Maßnahmen ableiten zu können, haben zu vielfältigen neuen Aufgaben in der Universität geführt. Nichts desto trotz werden diese Aufträge aber stets auf der Basis der grundlegenden Prozesse von Forschung und Lehre bestimmt werden müssen. Gerade deshalb scheint es unumgänglich, die Lernwelt Universität in ihren komplexen sozialen Situationen und Kontexten zu rekonstruieren. Denn hier zeigt sich immer wieder, wie schwierig es ist, die hier geforderten Rollen (z. B. die der Forschenden, der Lehrenden und der Organisierenden) zu verknüpfen. Die Frage ist dabei, welche Bezugsfelder und Handlungsmuster zu jenen wirkmächtigen habituellen Formen führen, die die sozialen Erwartungsmuster und die symbolischen Sinnkonstruktionen innerhalb der Universität bestimmen. Gerade dieser Modus des „doing university", dessen symbolisches Sinnuniversum seine hinreichende Beständigkeit in der Auseinandersetzung mit normativen Setzungen und anhaltenden interaktiven Aushandlungsprozessen der beteiligten Menschen erhält, ist hier zu untersuchen. Dabei geht es um Anpassung und Überschreitung, um Disziplinierung und Emanzipation, um Rahmen und Kommunikation zugleich. Dies gilt noch einmal stärker für die Bereiche der Lehre, für die vielschichtigen Verläufe in der Herausbildung von akademischen Lehrstilen. Da universitär Lehrende vor allem als WissenschafterInnen ihre Stelle im akademischen System erhalten, müssen sie sich an die systematischen Strukturen der Wissenschaftsdisziplinen und Fachlogiken anpassen. Dabei müssen die Codes zur Erzeugung wissenschaftlich akzeptierten Wissens erlernt und reproduziert werden. Dies ist ein Vorgang, der sich (je nach Lehrstuhl und Fachspezifität) vor allem an vorgegebenen Standards und Rahmen orientiert und dessen Nichtbefolgung unmittelbare Konsequenzen nach sich zieht. Wie dies im Einzelnen aussieht, soll anhand der Analyse von biographischen Aneignungsprozessen hier beschrieben werden.

1.1 Biographische Aneignungsprozesse von Lehrkompetenz in der Lernwelt Universität

Biographische Aneignungsprozesse im Sinne habitueller Entwicklungen sind stets an ein spezifisches soziales Feld gebunden (Bourdieu 1989), da hierin die situativen Anwendungsbedingungen und besonderen Logiken erst ihre Relevanz und Effizienz entfalten. Die Habitusformen sind in diesem Sinne Vermittler zwischen Struktur und Handlung innerhalb eines konkreten sozialen Raumes und dessen Entwicklung von Praxisformen und Praktiken. Hierbei spielen sowohl Lebensstile, symbolische Besonderheiten der Lebensführung, ästhetischen Präferenzen als auch gruppen- bzw. klassenspezifische Bindungen eine wesentliche Rolle. Aus diesem Grunde ist die Frage nach den Aneignungs- und Sozialisationsfeldern von Lehrenden in der Universität stets eingelagert in eine Form der „Großerzählung" dieser Institution, die die jeweiligen Alltagssemantiken bestimmt. Niklas Luhmann (vgl. 1992) schlägt hier z. B. vor, die Universität als ein soziales System „zweiter Ordnung" zu bezeichnen, dessen spezifische Aufgabe (im Gegensatz zur Umweltkomplexitätsreduktion aller anderen sozialen Systeme) gerade in der Produktion von Komplexität liegen sollte. Anders gesagt: SpezialistInnen der Praxis finden Lösungen und reduzieren so Komplexität, während es das Selbstverständnis der Universität und der darin agierenden Intellektuellen sein könnte, potentielle Alternativen und Gegenmodelle zu den je institutionalisierten Weltdeutungen und Praxisformen zu produzieren. Gerade für die Lehre spielen die Möglichkeiten zur Schaffung von übergeordneten wissenschaftlichen Perspektiven eine bedeutende Rolle. Ähnlich wie das umfassende Verlangen der Encyclopédie des 18. Jahrhunderts, alles Wissen in einem von der Vernunft beherrschten organischen Ganzen zu ordnen, ginge es heute dabei erneut um innovative Formen der Vernetzungen von Wissen-Schaft und deren Weiterentwicklung und Vermittlung. Die am Ende des 18. Jahrhunderts entstandene Encyclopédie méthodique, die das Wissen in Fächer (wie z. B. Chemie, Physik, Geschichte etc.) aufteilte, prägt vielfach auch heute noch die professionelle und (oft auch noch die bauliche) Struktur der Universitäten, wenngleich sich die Hierarchien im Laufe der Jahre immer wieder verschoben haben. Vor allem durch die Ausdifferenzierung der einzelnen Fachrichtungen und der sich daraus ergebenden verschiedenen Forschungs- und Studienmöglichkeiten haben dabei zu Fachkulturen geführt, die über Jahrzehnte das Bild der Universität bestimmten (vgl. Mittelstraß 1996, Markl 2002). So vielfältig sich hier die Grenzen bestimmen ließen, z. B. die zwischen Natur- und Geisteswissenschaften (siehe dazu Snow 1967, Schaeper 1997) oder das Verhältnis von Rechts - und Sozialwissenschaft, im Sinne einer Ordnungs- bzw. Macht- und einer Reflexionswissenschaft (vgl. Bourdieu 1988), oder die noch immer beliebte Unterscheidung der Fächer mithilfe der Kategorien „rein oder angewandt" bzw. „hart oder weich" (vgl. Becher 1987), stets ging und geht es dabei auch um eine Rangordnung, um die Zuschreibung von Ansehen und Prestige im „sozialen Raum Universität", der wiederum in kulturelles, ökonomisches und soziales Kapital übersetzt wird (vgl. Schaeper 1997). Diese „wohlgeordneten Weltsichten" der einzelnen Wissenschaftsdisziplinen und ihre jeweils spezifischen Zugänge zu „ihren" Problembereichen bilden noch immer die Grunderfahrungen von angehenden WissenschafterInnen, wenngleich diese, wegen der Vernetztheit der heutigen Herausforderungen, vieles neu positionieren. Die Ansicht, dass das zu bearbeitende Wissenschaftsgebiet, dessen Forschungsperspektive bzw. dessen Ergebnisse quasi den „Nabel" der Welt bilden, ist in Veränderung. Diese Ausrichtungen müssen auch in der Lehre sichtbar werden, wo es um eine verstärkte interdisziplinäre Herangehensweise an die zu untersuchenden Phänomene geht. Darüber hinaus erfordern die heute geforderten Aufwertungen informeller und non-formaler Lernprozesse, der verstärkte Berufspraxisbezug (bei paralleler hoher Unsicherheit der beruflichen Zukunft der Studierenden) von den Lehrenden neue fachliche Orientierungen und Fokussierungen. Die Lehrenden selbst sind an Universitäten an ökonomisch gesteuerte Wettbewerbsstrukturen gebunden, um sich in der ausdifferenzierten Wissenschafts- und Studienlandschaft durchzusetzen. Dabei sind sowohl hochgradige Anpassungsleistungen an mikrokontextuelle Wissenschaftssettings (vor allem im Bereich der kompetitiven Projektszene) als auch ein prinzipielles Offenhalten des Wissensportfolios (zwecks leichterer Anschlussmöglichkeiten an neue Kontexte) gefordert. In einem ökonomisch oft höchst prekär sich präsentierenden Wissenschaftsarbeitsraum fällt es vor allem jungen KollegInnen schwer, sich innerhalb instabiler Arbeitsverhältnisse Perspektiven anzueignen, die im Sinne einer professionellen Lehrentwicklung wirken. Da vor allem wissenschafts- und projektnahe Aktivitäten die wesentlichen Türöffner zu potentiellen Karrieren sind, sind die universitären und fachspezifisch wirkenden Lebenswelten und deren Anpassungs- und Koordinierungsprozesse im Vordergrund. Daneben gilt es aber sehr wohl in der Lehre zu „überleben", wobei hier unterschiedliche pragmatische biographische Wege eingeschlagen werden.

Didaktische oder pädagogische Interventionen allein spielen hierbei eine zwar wichtige, aber dennoch eher bescheidene Rolle, zu gehaltvoll sind die sie umgebenden institutionellen Kontexte. Hierin liegt auch eine zentrale Paradoxie didaktischer und pädagogischer Interventionsstrategien, denn diese reichen oft nicht an die wesentlichen Problemursachen heran, wie dies der Hochschulforscher L. Huber immer wieder unmissverständlich herausgearbeitet hat. Denn ... *ein „Preis für exzellente Lehre" würde möglicherweise nichts oder wenig zur Verbesserung der Lehre beitragen in einem Kotext, in dessen tonangebenden Kreisen Meriten so oder so nicht zählen – so wenig vielleicht, wie Siege der college-eigenen Rugby-Mannschaft für das Ansehen und Selbstgefühl deutscher Universitäten ausmachen würden* (Huber 1992, S. 98). Deshalb ist in der Untersuchung sozialer Praxen der

Zusammenhang zwischen den bestimmenden Faktoren eines konkreten sozialen Raumes (wie der Institution Universität) zu bestimmten. Nur so kann der hier entstehende soziale Sinn einerseits innerhalb der dominanten Strukturen und andererseits auf der Grundlage der individuellen Möglichkeitsräume bestimmt werden. In diesem Sinne ist auch nicht einfach von einer Optimierung der universitären Lehrkultur oder einer „Didaktikoffensive" zu sprechen (ebd., S. 97f), denn dadurch können die Vorstellungen von universitärer Lehre allenfalls angeregt werden, sich zu entwickeln, wobei jedoch die hier wirkenden Wahrnehmungs-, Denk-, Bewertungs- und Handlungsmuster nicht planmäßig geschaffen werden können. Diesen Verknüpfungen der individuellen Aneignungsseite mit den strukturellen Bedingungen kann in den (Trans-)Formations-prozessen von Erfahrungen, Wissen und Handlungsstrukturen im Sinne eines biographischen Lernens gut nachgegangen werden (vgl. Alheit/ Dausien 2002, Kraul/Marotzki/Schweppe 2002). Mit der Fokussierung auf die Ebene der biographischen Erfahrung können institutionelle Erfahrungsbereiche und lebensgeschichtliche Erfahrungsaufschichtung in ihren spezifischen Sinngestalten erfasst und an Politiken und pädagogische Konzepte der universitären Lehrkultur angeschlossen werden. Jenseits normativer Auffassungen von hochschuldidaktischen Formen der Qualifikationsaufschichtungen geht es dabei um die Lernanlässe und Aneignungsstrukturen der Befragten innerhalb ihrer (individuell und gesellschaftlich geprägten) Erwartungs- und Ablaufmuster. Die dabei entwickelten biographischen Entwicklungskorridore, angelegt zwischen der Struktur der konkreten Arbeitswelt und der subjektiven Lebenswelt, zeigen die unterschiedlichen Bezüge von Lern- und Bildungsprozessen im hochschuldidaktischen Bereich bzw. die sie umgebenden hemmenden und fördernden Faktoren. Dabei lassen sich vor allem vier fundamentale Orientierungskontexte bestimmen. Die diese Prozesse umgebenden institutionellen und gesellschaftlichen Rahmen zeichnen sich (wie eingangs schon erwähnt) durch folgende strukturelle Anforderungen aus:

- Die Umstellung der einzelnen universitären Systeme im Zuge der Bologna-Reform und die darauf aufbauende „Learning outcome"-Architektur, wobei standardisierte und modularisierte Systeme dominieren.
- Die europaweit unterschiedlichen Regelungen bzgl. der staatlichen Grundfinanzierung von Universitäten, die sich in den einzelnen Studienrichtungen durch erhöhte Lehrdeputate oder auch eine verstärkte Konkurrenzsituation von Forschung und Lehre bemerkbar machen. Gerade die hoch bewertete kompetitive Drittmitteleinwerbung gibt hier eindeutige Signale.
- Eine verstärkte Ausdifferenzierung und Neuordnung von Wissenschafts- und Studiengängen, die sowohl die Schnittstellen der Einzeldisziplinen herausfordern als auch das Verhältnis von Forschung und Lehre neu bestimmen.
- Eine Zunahme neuer Lehr- und Lernarrangement auf der Grundlage von E-Learning Prozessen.

Alle diese Prozesse zusammen führen in der Lebenswelt Universität für die Lehrenden zu widersprüchlichen Anforderungen, die die Aneignungsperspektiven der hier Tätigen fundamental prägen. Um hier diesen Prozessen gehaltvoll nachgehen zu können, ist der Begriff der Aneignung näher zu bestimmen.

1.2 Aneignung und Lernen

In der Terminologie der Marx'schen anthropologisch-ethischen Sozialphilosophie bildet der Begriff der Aneignung die Gegenfolie zu Prozessen der Entfremdung (vgl. Marx 1971). Entfremdung ist dabei die verhinderte Aneignung eines gestaltenden Zuganges zu sich und zur Welt. Dabei unterscheidet Marx vier Dimensionen von Entfremdung: die Entfremdung vom Produkt (der Arbeit), die Entfremdung von sich und seinen Tätigkeiten, die Entfremdung von den anderen Menschen und die Entfremdung vom Gattungswesen. Entfremdung meint also eine grundsätzliche Macht- und Beziehungslosigkeit von Individuen in einer als gleichgültig und fremd erlebten Welt. Aus der Perspektive dieser Prozesse der Nicht-Verfügbarkeit der Welt beschreibt Aneignung die sinnvolle Ermächtigung des Individuums, sich in den erwähnten Bezügen wieder das zu eigen zu machen, was einmal „eigen" war, weil es selbst gemacht wurde. Dieses postulierte Weltverhältnis fußt für Marx in der speziellen Fundierung von Arbeit, als dem paradigmatischen menschlichen Weltverhältnis. In der Arbeit werden die „menschlichen Wesenskräfte" (der Wille, die Ziele und die Fähigkeiten von Menschen) erst greifbar, indem sie sich in die Welt „entäußern". In und durch die Arbeit wird gleichzeitig die Welt und der Mensch in einem wechselseitigen Prozess erzeugt, da der Mensch sich in seinen Tätigkeiten und Produkten wiedererkennt. Diese Vorstellungen gehen prinzipiell von einer Art von Rückholbewegung aus, die das Entäußerte dem Entäußernden wiedergeben soll. Auf diese Weise wird Aneignung immer schon (oder besser gesagt immer *nur*) als Wiederaneignung beschrieben. Was hierbei fehlt, ist eine relationale Dimension des Welt- und Subjektstandpunktes. Die stets wirkenden Gesellschafts- und Personeneigenschaften (wie Bedürfnisse, Werte, Einstellungen und Motive) konstituieren zwar die Handlungsmöglichkeiten hinsichtlich ihrer Bedeutung. Sie begründen jenen Raum, der dadurch für mich Orientierung bietet, weil ich mich in ihm befinde. Dies trifft sowohl für mein Zimmer, meinen Stadtteil, aber auch für meinen Lebensplan zu. Alle Dinge und die Beziehungen dazu sind prinzipiell vorstrukturiert und ich kann die hier stattfindenden Bewegungen antizipieren. Meine eigentätige Auseinandersetzung mit der materiellen und symbolischen Umwelt ist geprägt von meinem impliziten Alltagswissen. Treten hier aber Widersprüche, Spannungen oder auch Widerstände auf, so merken wir, dass wir diese gesicherte Zone des Wiedererkennens verlassen müssen. Ich muss, um wieder handlungsfähig zu werden, mehr erfahren, als

bislang schon erreichbar ist. Die Marx'sche Formel der bloßen Wieder-
herstellung einer ursprünglichen Ausdrucksform greift hier also kurz. In
allen wichtigen Lernprozessen geht es doch auch darum, etwas Fremdes,
Eigenständiges, das dem Aneignenden in irgendeinem gewichtigen Sinn
entgegensteht, in einem wechselseitigen Transformationsprozess zu begreifen. Dieser aktive Umgestaltungsaspekt des Menschen in seiner ge-
genständlichen und symbolischen Umwelt wurde in der sowjetischen
Tätigkeitspsychologie (vgl. u. a. Leontjew 1977) betont. Der Lebensraum
bietet sich dem Menschen hauptsächlich als eine Welt dar, die durch
persönliche Tätigkeit geschaffen, gesellschaftlich definiert und funktiona-
lisiert wird. Entwicklung ist dabei kein mehr oder weniger von „außen"
unbeeinflusster innerpsychischer Prozess, sondern die tätige Auseinandersetzung mit der jeweils konkreten Umwelt. Klaus Holzkamp hat diesen tätigkeitstheoretischen Ansatz wiederum in seiner Lerntheorie
(Holzkamp 1995) weiterentwickelt und dessen Überlegungen wurden in
der Erwachsenenbildung (vor allem durch Ludwig 2000, Faulstich/
Ludwig 2004) rezipiert, um auch in Bildungsprozessen nicht auf die Reflexion gesellschaftlicher Verhältnisse verzichten zu müssen. Es wird hier
betont, dass Erfahrungen und deren Deutungen (sowie die sich für die
Lernenden daraus ableitenden Lerninteressen) stets auf gesellschaftliche
Verhältnisse bezogen bleiben. Das individuelle Bildungshandeln findet
seinen Ort immer innerhalb gesellschaftlicher Machtverhältnisse, Pro-
duktionsbedingungen und sozialer Normen. Holzkamps Versuch, diese
subjektwissenschaftliche Perspektive mit einer emanzipatorischen Ge-
sellschaftstheorie zu verbinden, hat dabei einen beachtlichen Reichtum
aufzuweisen. Sein weit ausgreifendes begriffliches Konzept eines „defen-
siven" und „expansiven" Lernens geht über die subjektiven Beliebigkei-
ten von konstruktivistischen Lernkonzepten hinaus. Defensives Lernen
ist demnach individuelles Anpassungs- und Überlebenstraining in vom
Individuum hingenommenen politischen und gesellschaftlichen Verhält-
nissen. Expansives Lernen hingegen betont die subjektive Ausweitung
der gesellschaftlichen Verhältnisse im Sinne einer Zunahme von Lebens-

qualität. Diese Unterscheidung ist wichtig, wenngleich die hier formu-
lierte dichotomische Gegenüberstellung von Anpassungs- und Erweite-
rungslernen vielfach kritisiert wird, weil hier eine Eindeutigkeit vorge-
täuscht wird, die gesellschaftlich schwer durchzuhalten ist. So fragt z. B.
Forneck (2004, S. 253f), wie es ein allgemeines Subjekt und eine Expansi-
vität des Lernens jenseits der Gesellschaftlichkeit und dem „Dispositiv
der Macht" überhaupt geben kann?

Für die Frage nach den biographischen Aneignungskontexten von Lehrenden im universitären Kontext ist diesbezüglich die erkenntnistheoreti-
sche Grundaussage, dass sich Kognition, Emotion und Lernen als subjektive Situiertheiten auf reale gesellschaftliche Verhältnisse beziehen und
nicht nur selbstreferentiell zu interpretieren sind, von Bedeutung. Die
hier verwendeten Begrifflichkeiten lassen sich in der Analyse unterschiedlichen Lernhandelns auch gut mit Aneignungs- und Anerken-
nungskonzepten (vgl. u. a. Ludwig 2004) verknüpfen, denn die hier vor-
genommene paradigmatische Umorientierung (vom Gesichtspunkt der
Lehrenden zum Horizont der Lernenden) ist sinnvoll, brauchbar und
auch praxisbezogen äußerst fruchtbar. Demgemäß gilt es, die unterschiedlichen Formen biographisch komplexer Aneignung zu berücksichtigen, um Lehren und Lernen als integrale Aspekte der subjektiven Welt-
zugewandtheit des Menschen begreifbar zu machen. Die redukti-
onistische Überbetonung der „abhängigen Variablen" der äußeren Ein-
wirkung (des Lernens durch das Lehren) wird dabei in einer Form der
bildnerischen Interaktion aufgelöst, in der sie eine elementare Form der
praktischen Lebensbewältigung darstellt. Erst aus dem Zusammenspiel
dieser konkreten Lernprozesse, die stets innerhalb und außerhalb von
Institutionen stattfinden, kann Sinn und Orientierung entstehen. Dabei
werden aber nicht bloß einzelne Erfahrungselemente angeeignet, sondern
auch das „Aneignungssystem" selbst entwickelt sich dabei. Diese Herausbildung übergeordneter, generativer Handlungs- und Wissensstrukturen, im Sinne von Selbst- und Weltreferenzen (vgl. Marotzki 1990) geht
dabei weit über eine Ermöglichungsdidaktik oder verschiedene Spielar-

ten des Konstruktivismus hinaus, da dabei auch auf den Ort der gesell-schaftlichen Verständigung in und durch Lernprozesse hingewiesen wird. Lernen findet zwar stets innerhalb der dominierenden normativen Praktiken einer Gesellschaft statt, aber es ist in einer solchen Aneig-nungsperspektive an die konstitutive Dimension des subjektiv Sinnhaf-ten gebunden, setzt die aktive Bezugnahme auf die Lebensumwelt vo-raus. Einerseits geht es dabei um die Entwicklungsgeschichte der Individuen, die strukturelle und subjektive Rückbindung an den jeweili-gen Kontext der erlernten Bezugnahme auf die Welt. Andererseits geht es aber auch stets und zu jedem Zeitpunkt um die Intentionalität eines akti-ven Subjekts, das sich „Leben" aneignet. Zwischen der individuellen Wahrnehmung und Verfolgung der eigenen Lernvorgänge und der Be-züge zur sozialen Konstituierung der Lernprozesse kann unter dem Ge-sichtspunkt der Aneignung Lernen als ein Prozess gesehen werden, der eine aktive Selbstveränderung, basierend auf dem Gesamtkontext der jeweiligen Lebensführung bezeichnet. Sich z. B. eine Rolle anzueignen, bedeutet demnach mehr, als sie ausfüllen zu können, denn etwas, das sich ein Individuum aneignet, kann nie nur rein äußerlich bleiben, es wird in gewisser Hinsicht Teil von einem selbst. Dieser Vorgang wird in den meisten institutionalisierten Lernsequenzen meist stark destruiert. Lernen bedeutet hier vorwiegend ein Einfinden in einen äußeren Rah-men von Bedingungen und Zielen und nicht ein Bearbeiten der augen-blicklich erreichbaren subjektiven Handlungsfähigkeiten und den mögli-chen biographisch bedeutsamen Zielen. Die in institutionalisierten Lernprozessen deshalb schwindenden Chancen der Realitätsverfügung werden in der Regel als Frustrationen erlebt und beeinträchtigen damit die Richtung, die Stärke und auch die Entwicklung der Lernaktivitäten. Ein solches stark von außen aufgezwungenes, strategisches oder defensi-ves Lernen wird demnach aus einer Aneignungsperspektive vorwiegend als defizitär bezeichnet werden müssen. Kann der Lernprozess aber als anhaltende Auseinandersetzung mit den eigenen Fähigkeiten erlebbar gemacht werden, dann erschließt Lernen Handlungsmöglichkeiten, die

die Wahrnehmung, Bewältigung und Aneignung sozialer Praxis forcieren. Die hier beschriebenen Erfahrungs- und Aneignungsprozesse bilden quasi den biographischen Bauplan einer Person, der innerhalb verschiedener Lernanforderungen aktiviert werden kann. Wie wir allerdings im alltäglichen Handeln oder auch in organisierten Lernsituationen darauf zurückgreifen (dürfen), hängt auch stark von den strukturell definierten Vorgaben ab. Dieses Spannungsverhältnis zwischen Subjektivität und Struktur, Vorgegebenem und Gestaltbarem, zwischen Fremdheit und Eigenheit ist dabei für die Erforschung von Lernwelten produktiv zu machen. Immer dann, wenn die Welt uns unzugänglich erscheint, wenn wir mit unserem „Latein" am Ende sind, wenn wir an die Grenze unserer Erfahrungen und des Wissens stoßen, definieren wir ja exakt jene Lernsituationen, die zu Aneignung drängen. In dem Moment, in dem das Subjekt lernend einen Ausweg sucht, entwickelt, verändert es sich und die Welt in diesem Vorgang. Bildungsvorgänge schließen deshalb an den Irritationen der eigenen unmittelbaren Lebenswelt an, um handlungsfähig zu bleiben. Aneignungsprozesse haben somit zumindest eine doppelte Bedeutung. Sie sind Rahmen und Rahmungen zugleich, in denen die Akteure Erfahrungen (im Rückgriff auf ein System von Regeln) definieren und sich entsprechend verhalten. Die diesen Prozessen zugrundeliegenden Situationen sind deshalb nichts Starres, sondern sie unterliegen im fortlaufenden Interaktionsprozess Veränderungen. Eine solche Situation ist deshalb auch keine wesens- oder naturhafte Gegebenheit, sondern eine soziale Konstruktion, innerhalb derer Handlungen und Erfahrungen ihre Rahmung und Deutung finden. Die Erfahrung, die das Subjekt in einer Situation hat, mag höchst subjektiv erscheinen, doch unterliegt sie gesellschaftlich etablierten Strukturen, die relativ unabhängig vom einzelnen Ereignis und der individuellen Erfahrung existieren. Genau diese Formen der Verbindung von institutionell geprägten Räumen und individuell hergestellten Aktualisierungen werden in dieser Studie anhand normativer Interviews analysiert.

1.3 Der methodologische Rahmen

Diese Studie verortet sich innerhalb der grundsätzlichen Überlegungen der Methodologie der Grounded Theory. Mit dem Label Grounded Theory verbindet sich weniger eine strikte methodologische Systematik als vielmehr ein „Forschungsstil" (vgl. Strauss 1991). Dieser Forschungsstil versucht dabei die speziell bei logisch-deduktiven Forschungsprozessen bestehende Kluft zwischen Theorie und empirischer Forschung (die auf mangelhafter Anwendbarkeit und Angemessenheit der Theorie auf den untersuchten Forschungsgegenstand basiert) gegenstandsspezifisch zu schließen. Eine solche gegenstandsbezogene Theoriebildung verfolgt eine abduktive Forschungsbewegung, in der ein stetiger, wechselseitiger Austausch zwischen theoretischen Vorannahmen und der Analyse des Datenmaterials, aus dem neue Erkenntnisse abgeleitet und fundiert werden können, stattfindet. Theorie und Empirie stehen hierbei sozusagen in einem intensiven Dialog, weshalb die Phase der Theoriebildung als ein fortlaufender Prozess verstanden wird. Der dabei im Mittelpunkt stehende „Fall" wird dabei als eine autonome Handlungseinheit begriffen, die eine spezifische Fallstruktur aufweist, die rekonstruiert und mit anderen Fällen kontrastiert wird. Eine solche Handlungseinheit kann eine Person, eine Personengruppe, Institutionen oder „soziale Welten" sein. Besonderes Augenmerk ist dabei auf die Verwendung geeigneter Vergleichsgruppen zu legen. *Ähnlichkeiten und Unterschiede verschiedener Vergleichsgruppen tragen dazu bei, die sozialstrukturellen Bedingungen der Anwendbarkeit der Theorie zu erkennen und fördern die Datenanalyse, da sich so verschiedene theoretische Kategorien ergeben, deren Bedeutung anhand der Gruppenvergleiche festgelegt werden* (Lamnek 1995a, S. 126). Die Auswahl der Fälle bzw. Vergleichsgruppen erfolgt gemäß dem Prinzip des „Theoretical Sampling", das noch eingehend beschrieben wird. ForscherInnen benötigen in der Anwendung der Grounded Theory ein hohes Maß an Eigenverantwortung und Reflexionsfähigkeit. Nicht nur die Theorie, auch die Forschenden machen in diesem Prozess der Datenbearbeitung eine Entwicklung durch, die durch theoretische Sensibilität in der Identifizierung relevanter Kategorien und Hypothesen im Datenmaterial bestimmt wird. Einsichten entstehen dementsprechend in einer abduktiven Suchbewegung, bei der das heuristische Konzept durch die Konfrontation mit den Daten derart entfaltet und modifiziert wird, dass am Ende neue Zusammenhänge auf theoretischen Ebenen für das untersuchte Feld formuliert werden können. Den zentralen Ansatzpunkt für die Verbindung zwischen Theorie und Empirie im Konzept der Grounded Theory stellt die Kodierung des empirischen Materials dar. Allgemein formuliert, bedeutet Kodieren die Verknüpfung zwischen empirischem Material und theoretischen Begriffen und Kategorien, die als heuristisches Konzept den Forschungsprozess anleiten (Strauss 1991). Im Kodierungsprozess erfolgt eine stufenweise Entwicklung einer Theorie „mittlerer Reichweite", die sich entweder auf einen bestimmten Bereich der sozialen Wirklichkeit oder einer soziologischen Theorie bezieht. Das wesentliche Anliegen des Forschungsprozesses besteht in der sukzessiven Generierung von Kategorien und Hypothesen. Es geht also um die komplexe Kodierung des Datenmaterials, sodass sich am Ende eine neue gegenstandsbezogene Theorie herauskristallisiert. Als Hauptinstrument zur Datengewinnung dient in dieser Untersuchung das fokussierte narrative Interview. Diese Form des erzählenden Interviews ist ein rekonstruktives sozialwissenschaftliches Erhebungsverfahren, das auf eine detaillierte und umfassende Stegreiferzählung abzielt (vgl. Schütze 1987) und bei dem die Strukturierung der Erzählung in Form von Selektionsleistungen und Relevanzsetzungen durch die erzählende Person selbst vorgenommen wird. Im Mittelpunkt des Interesses an narrativen Interviews steht die Generierung von Erzählungen eigenerlebter Geschichte und Erfahrungen. Je nach Erkenntnisinteresse und Forschungsanliegen können mit dem narrativen Interview sehr unterschiedliche Geschichten, Erfahrungs- und Ereignisabläufe erhoben werden. Die dabei generierten Erzählungen bringen Hintergrundstrukturen zum Vorschein, die über den Gegenstand der Erzählung und die individuellen Lebensdarstellungen der ErzählerInnen hinausreichen. Jede biographische Erzählung wird dabei als individuelle Gestaltung einer Vielzahl von Sequenzen erlebten Lebens betrachtet, wobei das einzelne biographische Erlebnis hier die Gesamtbiographie nicht nur durch seine spezifische Besonderheit prägt. Von biographischer Relevanz ist es vielmehr die Art und Weise, wie es von den BiographieträgerInnen verarbeitet wird. Es entsteht dadurch eine Art „Erfahrungs-Code" (Alheit 1997), in welchem die einzelnen Erlebnisse übersetzt werden und auf dessen Grundlage das neue Erlebnis verarbeitet wird. Prinzipiell finden sich in einer biographischen Erzählung verschiedene Erfahrungsdispositionen. Neben den „in der Vergangenheit eingenommenen" Haltungen ist auch die aktuelle biographische Prozessstruktur (Schütze 1981, 1984) für die narrative Rekapitulation von Bedeutung, da sie die Perspektive bildet, unter der ein Leben (re)konstruiert wird. Biographisch-narrative Interviews aktivieren in weiten Passagen Erinnerungsschemata und berühren damit die Ereignis- und die Erlebnisebene. Dies gilt insbesondere für die in die Gesamterzählung eingelagerten abgeschlossenen Erinnerungssequenzen und spontanen szenischen Darstellungen. Daneben spielen jedoch immer auch Deutungsschemata, etwa bilanzierende Zusammenfassungen am Ende eines biographischen Suprasegments (z. B. die abschließende Bewertung des Studiums der Berufskarriere etc.) oder die „moralische" bzw. „theoretische" Evaluation des universitären Lebens eine große Rolle.

Die InterviewpartnerInnen für diese Studie wurden im Sinne der Grounded Theory nach dem Modell des „theoretischen Samples" ausgewählt. Da es in dieser Studie nicht um eine Form der statistischen Repräsentativität, sondern um fallspezifische Formen der Repräsentanz geht, liegt das Ziel nicht darin, die zahlenmäßige Verteilung bestimmter Merkmale in der Gesamtpopulation zu erheben. Vielmehr geht es darum, essentielle und typische Zusammenhänge aufzuzeigen, die sich innerhalb von Fallstrukturen dokumentieren lassen. Im Zentrum des Interesses standen dabei Lehrende des tertiären Bereiches aus fünf österreichischen Universitäten (Karl Franzens Universität Graz, Technische Universität Graz, Medizinische Universität Graz, Universität für Musik und darstellende Kunst Graz, Universität Wien). Dabei wurden zuerst Online-Fragebögen an Lehrende verschickt, welche 123 Personen ausgefüllt retourniert haben. Aus diesem Sample wurden im Prozess der Arbeit schließlich 26 Personen für narrativ fokussierte Interviews ausgewählt. Ausgewählt wurden die Lehrenden aus den Bereichen des sogenannten Mittelbaus, da hier (im Sinne universitärer Hierarchie, die universitäre Karriere als noch nicht abgeschlossen gilt. Die dominierenden biographischen Erfahrungsprofile der hier vorgestellten Lehrenden sind geprägt durch fachspezifische Wissenschaftskarrieren, kaum Berufserfahrungen in wissenschaftsfernen Bereichen und eine enge Einbindung in soziale und zeitliche Verpflichtungen innerhalb der Universität. Da diese Arbeit den narrativen Konstruktionsprozessen von biographischen Lehrdispositionen nachgeht, stehen dabei sowohl kompetenz- und identitätstheoretische Bewältigungsmechanismen als auch die Frage nach den unterschiedlichen Formen von (berufs-)biographischen Orientierungs-, Entscheidungs- und Handlungsprozessen in Bezug auf die Entwicklung von Lehrkompetenz im Mittelpunkt der Fragestellung. In den Analyseschritten wurde speziell auf die Dimensionen des biographischen Berufszusammenhanges und des spezifischen biographischen Handelns geachtet. Der biographische Berufszusammenhang bezeichnet dabei die Logik, mit der lebenslaufrelevante Ereignisse und Handlungen zu einem professionellen Berufsbild verbunden werden. Das beinhaltet auch solche lebensrelevanten Beschreibungen, die den Zusammenhang als beliebig oder rein zufällig darstellen. Diese Dimension beschreibt den „roten Faden", das biographische Modell, die Leitidee oder die individuelle biographische Gestaltungslogik, entsprechend derer sich die Biographie idealtypisch entfaltet. Sie bezieht sich sowohl auf das zeitliche Nacheinander biographischer Ereignisse (diachrone Perspektive), wie auch auf das Verhältnis der unterschiedlichen Lebensbereiche zueinander (etwa Familie, Erwerbsarbeit, Freizeit, synchrone Perspektive). Auf der Dimension des biographischen Berufszusammenhanges wird eine erlebbare Form der Eindeutigkeit hergestellt, in dem unterschiedliche Lebensbereiche und -phasen oder Ereignisse zueinander in ein spezifisches berufsrelevantes Verhältnis gesetzt werden. Dies ist für den Nachvollzug des Aufbaus bestimmter Kapitalsorten in Bezug auf universitäre Karrieren von Bedeutung, da innerhalb dieser Selbst-Kontext-Relation in den jeweiligen Gestaltungsräumen Handlungsbedingungen reflektiert, aktualisiert und gestaltet werden. Erfasst werden hierbei auch die Realisierungsweisen der individuellen Biographie und die damit verknüpften unterschiedlichen Bezugnahmen auf die (antizipierten) institutionellen Präskripte des Systems Universität. Deren institutionelle Erwartungen können z. B. akzeptiert und realisiert, aber auch abgelehnt werden. Sie können durch die eigenen biographischen Entscheidungen eindeutig oder mehrdeutig werden, und je nachdem, wie mit institutionellen Erwartungen umgegangen wird, können biographische Entscheidungen Handlungsspielräume reduzieren oder erweitern. Innerhalb dieser biographischen Konzeption wird den strukturellen Gestalten der biographischen Lehrdispositionen empirisch nachgegangen.

Fokussierte narrative Interviews wurden mit folgenden Personen durchgeführt.

I 1: Mag[a]. Dr[in]. aoProf[in] (Studium der Pädagogik), seit 16 Jahren an Universitäten

I 2: Mag[a]. Dr[in]. (Studium der Geschichte), seit 8 Jahren an der Universität

I 3: Mag[a]. Dr[in]. (Studium der Physik), seit 6 Jahren an der Universität

I 4: Mag. Dr. (Studium der Biologie), seit 9 Jahren an der Universität

I 5: Mag[a]. Dr[in]. (Studium der Pharmazie), seit 9 Jahren an der Universität

I 6: Mag. Dr. (Studium der Rechtswissenschaften), seit 8 Jahren an der Universität

I 7: Mag[a]. Dr[in]. (Studium der Germanistik), seit 14 Jahren an der Universität

I 8: Mag. Dr. AssProf[in] (Studium der Philosophie), seit 12 Jahren an der Universität

I 9: Mag[a]. Dr[in]. aoProf[in] (Studium der Romanistik), seit 16 Jahren an der Universität

I 10: DI Dr. (Studium Maschinenbau), seit 12 Jahren (mit Unterbrechung) an der Universität

I 11: Mag. Dr. (Studium Sprachwissenschaften), seit 9 Jahren an der Universität

I 12: Mag. Dr. aoProf (Studium der Betriebswirtschaftslehre), 46 Jahre, seit 24 Jahren (mit Unterbrechungen) im Universitätsbereich tätig (zuerst als Studienassistent, dann in der Wirtschaft als Controller, später durch Lehraufträge Wiedereinstieg in die Universität)

I 13: Mag. Dr. (Studium der Soziologie), seit 8 Jahren an der Universität

I 14: DI Dr. (Studium der Architektur), seit 14 Jahren an der Universität (zuerst als Studienassistent)

I 15: Mag[a]. Dr[in]. (Studium der Publizistik- und Kommunikationswissenschaft), seit 5 Jahren an der Universität

I 16: Mag[a]. Dr[in]. aoProf[in] (Studium der Volkswirtschaftslehre), seit 12 Jahren an der Universität

I 17: Mag. Dr. (Studium der Geographie), seit 12 Jahren an der Universität

I 18: Mag. Dr. (Studium der Psychologie), seit 22 Jahren an der Universität

I 19: Mag[a]. (Studium der Sprachwissenschaft), seit 6 Jahren an der Universität

I 20: ao Univ. Prof. Mag. Dr. (Studium der Chemie)

I 21: Mag[a]. (Studium der Rechtswissenschaften), seit 1 Jahr an der Universität

I 22: Mag. Dr. (Studium der Kunstgeschichte), externer Lehrbeauftragter

2. *Ja also gelernt, habe ich das nie.* Hochschullehre als informelles Lernsetting

> *Man kann die Verhältnisse nur pervers nennen. Es gibt keine andere Möglichkeit, den Beruf eines Hochschuldozenten zu erlernen, als die, eine zeitlich befristete Stelle zur Ausübung dieses Berufs zu übernehmen. Wer aber während dieser Zeit tatsächlich seine Kräfte den Aufgaben eines Lehrenden widmet (…), wird mit hoher Wahrscheinlichkeit diesen Beruf nicht ausüben können.*
>
> (Hageman-White, 1976, S. 90)

Wie sich die Bedingungen der eigenen Lehrentwicklung für die Befragten spezifizieren lassen, ist stark abhängig von den jeweiligen institutionellen Settings. Die eigene Geschichte des Aufbaus eines Lehrhabitus ist, anders als die des Hineinwachsens in die WissenschafterInnenrolle, bei weitem zufälliger, ungeplanter und (im Vergleich) auch weniger stressbehaftet. Was sich hier zeigt, ist die schon vielfach bemerkte Haltung der „Lehre als Beiwerk". Der Blick hinter diese Fassade der geschäftsmäßigen Abwicklung von Lehraufgaben zeigt dann aber dennoch immer wieder beachtliche Unterschiede in der Herstellung des Lehrhabitus. Diese beziehen sich vor allem auf folgende Unterscheidungsebenen:

- Die arbeitsplatzbezogene hierarchische Ebene und die Stellung im Universitätsgefüge
- Das Spannungsverhältnis von Forschung und Lehre
- Subjektspezifische Faktoren

2.1 Die arbeitsplatzbezogene hierarchische Ebene und die Stellung im Universitätsgefüge

An den Ausgangspunkt der eigenen Lehrerfahrungen zurückgehend, beschreiben Lehrende immer wieder ein Gefühl des Hineingeworfen-werdens in eine Arena, die sie zwar grundsätzlich (als Studierende) ge-kannt haben, deren Normen, Möglichkeiten und Grenzen aber kaum jemals thematisiert wurden.

> *Das war also nicht jetzt so eine Sache auf Leben oder Tod, aber irgendwie, wenn ich jetzt daran danke, habe ich also diese Übung übernommen, und habe also keine Ahnung von Lehre gehabt. Gerade, dass ich das Lehrbuch gekannt habe, das schon, aber wenn ich heute daran denke, muss ich sagen, dass ich schon unverfroren war, also wie ich da mich hingestellt habe und es hat alles funktioniert. Da-mals hab ich das schon so gesehen, dass es funktioniert. (I 7, Z. 23-26)*

Gerade dieses Element des „Funktionierens" wird im Nachhinein von der Kollegin als erklärungsbedürftig gesehen, da sie aus der heutigen Sicht damals vor allem daran interessiert war, ihrem unmittelbaren Vor-gesetzten zu entsprechen.

Da kommst du an ein Institut und hast auch Lehre und
versuchst deine Diss. zu schreiben und halt mitzuhalten
mit den anderen und da brauchst du also keine zusätzli-
chen Bäume im Weg, also versuchst du dich vor den Stu-
denten unnahbar zu geben und allwissend und vor allem
so sicher. Das geht auch gut so in dem jugendlichen
Leichtsinn, und das geht auch, aber gewusst habe ich da-
mals von der Lehre als solche also fast nichts. (I 7, Z. 31-
34)

Dort, wo keine grundlegenden didaktischen und organisatorischen Ein-
führungsstrukturen vorhanden sind, bleibt es neuen Lehrenden weitest-
gehend selbst überlassen, wie sie sich ihre Lehrendenrolle zurechtbasteln.
Die institutionelle Unterstützung und die Einbindung in eine Lehrent-
wicklungsstrategie sind erst seit einigen Jahren zumindest auf der Assis-
tentInnenebene ohne Doktorat vorhanden.

Heute gibt es ja die UniStartWiss-Sachen und so, aber
wie ich angefangen habe, war da nichts. Wenn dich ein
Professor einmal gefragt hat, wie die Lehre läuft, war das
schon viel, und da hast du eh nur „geht toll" gesagt, weil
mehr wollte der eh nicht wissen. Und am Mittwoch war
wieder Lehre und man hat sich vorbereitet und es hat ge-
klappt. Mehr war dafür keine Zeit. (I 17, Z. 45-48)

Die Erwartungshaltungen an die Lehre, werden von Seiten der KollegInnen und auch der Studierenden als bescheiden angesehen, weshalb hier
kaum grundsätzliche Defizite als solche wahrgenommen oder gar verändert werden.

Also was hätte ich auch anderes machen können, als zu funktionieren. Und auch wenn ich schlecht gewesen wäre, wäre das nicht aufgefallen, weil die Studenten haben sich also eh kaum beschwert, also nur bei der Noteneinsicht, manchmal, aber das war selten. (I 12, Z. 56-58)

Das ist halt wie am Bahnhof teilweise gewesen. Bei der Tür rein, Paket abliefern, alle sind dagesessen und haben abgeschrieben, oder sind halt wieder gegangen, und man hat sein Programm eben abgespult, und dann sind die Türen wieder aufgegangen und das war es. (I 16, Z. 78-80)

Kritisch wird dabei auch angemerkt, dass es die eigene Stellung im Universitätsbetrieb vielfach verunmöglicht hat, sich eigene Ziele zu definieren und systematisch abzuarbeiten. Das Abweichen von den vorgefertigten Schemata wird deshalb vielfach gar nicht probiert.

So wie das bei uns damals war, wie ich angefangen habe, da war der Professor und der hat den Stoff diktiert und ich hab dann das noch einmal herbeten müssen und wehe, wenn ich einmal nicht in der vorgegebenen Zeit fertig geworden bin. Da war also absolut null an Spielraum, vielleicht einmal ein kleines Praxisbeispiel, aber auch das hast du dir vorher gut überlegen müssen. (I 20, Z. 138-141)

Das Hineinfinden in die universitäre Lehrstruktur war demgemäß beinahe bei allen Befragten ein Sprung ins kalte Wasser, der geprägt war von

- kaum oder wenig vorgesetzter, kollegialer und didaktischer Unterstützung,
- der Orientierung an Rollenmodellen der absolvierten Studienrichtung,
- den strukturellen Vorgaben des jeweiligen Arbeits- und Wissenschaftsbereiches,
- einer meist „mechanistischen" Auffassung von Lehre im Sinne des „Stoff Ablieferns",
- der „Erfindung" einer eigenen wissenschaftlichen Vitae und einer davon meist abgespaltenen Lehre und
- einer rudimentären bis fehlenden „Feedback-Kultur", die eigene Lehre betreffend.

Eine bereits habilitierte Interviewteilnehmerin fasst dieses Bild anschaulich zusammen:

> Ich habe ja heute viele Kolleginnen, mit denen ich mich über die Lehre austauche, aber das Grundmuster ist am Anfang irgendwie überall gleich. Wenn du also nicht in ein Team kommst, wo die Lehre schon eine gewisse Rolle spielt, dann musst du dir das alles ziemlich schnell alleine erarbeiten. Das Problem ist nur, dass du da oft die Haltungen und Methoden lernst, die dir das Überleben sichern und dass du diese dann nicht mehr aufgibst. Ich kenne also viele im universitären Leben, die didaktisch immer noch die Gleichen sind, wie am Anfang. Nur überheblicher sind sie geworden und noch resistenter gegen Kritik, weil wenn sie geblieben sind, haben sie ja Karriere gemacht. (I 18, Z. 118-122)

Dennoch wurden auch vielfache, wenn auch wenig systematisierte und institutionalisierte Hilfen zur Entwicklung von Lehrverhalten erwähnt.

> *Ich habe schon das Glück gehabt, dass der Kollege, von dem ich die Lehre übernommen hat, mich auch weiter unterstützt hat. Der ist in die Industrie und hat also den Kontakt immer noch gehalten und da habe ich also schon viel profitiert, bis dass ich Aufträge für Studenten bei ihm bekommen habe. Das war also wirklich eine große Hilfe und hat auch mein Ansehen bei den Studenten sehr gehoben. (I 14, Z. 32-36)*

Vor allem in den „praxisnahen" Studienrichtungen sind diese Unterstützungsmöglichkeiten besser ausgebaut.

> *Im Sprachenbereich wie bei uns, da wird also schon mehr zusammen gemacht, auch was jetzt die Lehre betrifft und all das. Da habe ich schon Glück gehabt, dass da auch Kollegen waren, auch mein Chef jetzt, der mir immer wieder Tipps gegeben hat. Und bei uns ist das auch oft leichter umzusetzen, weil auch die Studenten, jetzt sage ich einmal, anders sind, mehr am Tun interessiert. Da kannst du mehr machen. (I 19, Z. 67-70).*

Dort, wo konkrete „technische" Probleme auftauchen, wo sich diese körperlich bemerkbar machen, sind Lehrende meist schneller bereit, allfällige Hilfe zu suchen und auch anzunehmen.

> *Also ich habe immer gemerkt, dass mir die Stimme weggeht und das war wirklich unangenehm und da habe ich schon versucht etwas zu machen und hab zuerst auf der*

Volkshochschule so ein Seminar gemacht und dann später
auch noch einen Workshop über Stimmtechnik und so Sa-
chen. Da hab ich sehr viel gelernt. (I 2, Z. 156-158)

Konkrete institutionelle Hilfestellungen ergaben sich zumeist

- aus spärlichen kollegialen Kontakten, die temporäre Unterstützung anboten,
- aus besonderen umsetzungsorientierten Teamkonstellationen in den Arbeitsbereichen,
- aus (meist erst seit einigen Jahren bestehenden) universitätsweiten Didaktikfortbildungen oder
- aus Eigeninitiative (vor allem im Bereich Rhetorik und Stimme).

Gerade aber die Anfangszeit in der Herausbildung einer Lehrendenrolle ist von einem hohen pragmatischen Kalkül geprägt. Für den Großteil der Befragten zeichnet sich der Beginn ihrer universitären Karriere in einer raschen Abfolge von Anforderungen aus, die schnell und unterschiedlichen Logiken folgend, wahrgenommen und bewältigt werden müssen. Hier gilt es rasch, ein ausgewogenes Verhältnis im Zeitmanagement dieser Tätigkeiten zu finden und erstens gegenüber den Vorgesetzten und zweitens gegenüber den Studierenden zu vertreten. Dabei stehen sehr wohl eigene lehrbezogene Ansprüche und Verfahrensweisen zur Diskussion, wenngleich diese aber sehr bald der erwähnten „pragmatischen" Haltung weichen, was bedeutet, dass sie zugunsten der eigenen Forschungsleistung „nachjustiert" werden. Dabei gibt es wiederum recht unterschiedliche Möglichkeiten:

- Diejenigen, denen der Austausch mit den Studierenden weiterhin wichtig ist, feilen an ihren Feedbackmethoden und „optimieren" deren Zeitintensität. Sie entwickeln z. B. Formulare für die Rückmeldung zu schriftlichen Arbeiten oder ändern ihren Sprechstundenstil.

- Die Gruppe, die ihre Lehrendenrolle ohnehin als „Zweitberuf" begreift, versucht die Lehre stärker mit den eigenen Forschungsarbeiten zu verbinden, um solcherart bessere Synergien zu erzielen.
- Eine dritte Möglichkeit wird dahin gesehen, die Lehrverpflichtungen derart zu bündeln, dass dadurch im Regelfall nur ein Wochentag belegt ist, sodass die Zeitressourcen gebündelt werden.
- Weiters wird die Lehre zu vereinfachen versucht, indem die Erarbeitung eines Skriptums und anderer Unterlagen, bzw. Online-Prüfungen und standardisierte Formen der Rückmeldung an Studierende die Arbeit erleichtern sollen.

Was sich die Befragten gerade für das Hineinfinden in die Doppelrolle von Lehrenden und WissenschafterInnen zu Beginn ihrer Karriere wünschen, sind beinahe überall folgende Punkte:

- Bessere Einbindung in die Auswahl der von Ihnen betreuten Lehrveranstaltungen.
- Mehr Kommunikation über die Lehre in den unmittelbaren Arbeitseinheiten.
- Maßgeschneiderte kleine Angebote für didaktische Hilfestellungen.
- Mehr finanzielle Unterstützung für freie Weiterbildungsangebote in Bezug auf die eigene Lehrendenaufgabe (vor allem im Kommunikations- und Performancebereich).

Der Großteil der befragten Lehrenden will allerdings gerade zu Beginn seiner Tätigkeit nicht allzu viel Zeit in aufwändige didaktische Weiterbildungen investieren (wenngleich für einige wenige hier durchaus Interesse an umfassenden Entwicklungsunterstützungen existiert). Die Mehrzahl will den Einstieg in die Lehre (mit zeitbeschränkter fachlicher Unterstützung) selbstbestimmt gestalten können, ohne dass hier aber zu viel an didaktischem Know-how den Blick auf das Fach verstellt. Je kleiner der Rahmen für Aktivitäten ist, je präziser das Angebot die (antizipierten) Aufgaben ihrer Meinung nach abdecken, desto besser scheint für sie der Lehrbetrieb zu funktionieren.

> *Also gerade am Anfang hast du ja noch keinen Überblick, wie alles abläuft. Da brauch ich nicht tausend Dinge, was alles passieren kann, die machen mich nur verrückt. Da will ich wissen, was ich zu tun habe und wie es am besten geht. (I 5, Z. 45-47)*

Daneben gibt es aber auch noch Lehrende, die gerade den Beginn des Lehrhandelns als überaus wichtig ansehen und die dafür plädieren, gerade hier die Weichen dafür umfassender zu stellen.

> *Es gibt also wirklich Kollegen, die haben sich noch nie darüber den Kopf zerbrochen, was es bedeutet zu lehren oder wie sich die Studierendengenerationen verändern und so. Sie machen eben das, was sie immer machen, weil ihnen ja nie jemand etwas anderes gesagt hat. Wenn das nette Menschen sind, also Glück gehabt, wenn nicht, dann müssen also viele Studierendengenerationen darunter leiden, im Extremfall. Deshalb wäre ich also für verpflichtende Ausbildungen zu Beginn für alle und auch später noch für verpflichtende Weiterbildung. (I 18, Z. 135-140)*

In der weiteren universitären Karriere werden die Elemente der eigenen Lehrentwicklung aus Sicht der Befragten ebenfalls sehr unterschiedlich bewertet. Immer wieder geht es dabei um die Frage, wie viel an systematisierter Ausbildung es hier geben soll und welche Effekte hier erzielt werden müssen.

> *Ich habe also bei mir gemerkt, dass hier mindestens drei Sachen zusammenspielen: Dass ich mich im Stoff aus-kenne, dass ich als Autorität wahrgenommen werde und dass ich die Studenten respektiere. Das macht für mich eine gute Lehre aus. Das alles muss ich zuerst einmal sel-ber machen, dass ich ein solches Standing habe, das muss also aus mir kommen. Ich sage nicht, dass da nichts zu schulen ist, aber grundsätzlich meine ich schon, dass je-mand, der in der Universität arbeitet, das schon irgend-wie mitbringen soll. (I 20, Z. 89-94)*

Die hier zitierte Einstellung lässt sich in Abwandlungen vor allem in den naturwissenschaftlichen Fächern finden. Didaktik wird hier als eine Art „Verpackung" gesehen, die in manchen Kontexten zwar als hilfreich und durchaus als berechtigt angesehen wird, die aber letztlich nichts an der „Tatsache" ändert, dass die Beherrschung von Stoff und Haltung die wesentlichen Elemente der Lehre sind. Deswegen wird die Entwicklung von Lehrkompetenz auch überaus eng mit der Entwicklung von Wissen-schaftskompetenz gesehen. Anders ist die Einstellung vielfach in den sozial- und geisteswissenschaftlichen Studien.

> *Ich stelle mir das manchmal so vor, also Wurzeln und Flügel, wie das so heißt. Die Wurzeln liegen also natür-lich in der Wissenschaft, in der Fachdisziplin und die Flügel sind dann die Vermittlung, die Didaktik, also dass etwas ankommt. Das sehe ich schon so als Ziel, also, je mehr Methoden ich schon ausprobiert habe, desto mehr kann ich auch fliegen, jetzt im übertragenen Sinn, so von was ich mir zutrauen kann und wie ich also Sicherheit*

habe. Das hat also meine Lehre schon sehr bereichert und
letztlich mich selber auch. (I 3, Z. 88-93)

Diese individualistische Sichtweise wird von anderen KollegInnen vielfach relativiert durch die Feststellung, dass diese Sicherheit und die Erfolge in der Lehre aber dort ihr Ende finden, wo der Vertrag nicht ver-
längert wird, wo die Ziel- und Leistungskoordinaten in Bezug auf den
Forschungsoutput nicht stimmen und wo kein Weg in ein längerfristiges
Dienstverhältnis führt.

2.2 Das Spannungsverhältnis von Forschung und Lehre

Die Bezogenheit von Forschung und Lehre lässt sich als ein Strukturele-
ment der Universität begreifen, das auf unterschiedlichen Wahrneh-
mungsebenen der jeweiligen Wissenschaftsbereiche und der hier praktizierten Kommunikations- und Forschungsstile begründet ist. Der in den
Interviews immer wieder deutlich spürbare Zielkonflikt zwischen Forschung und Lehre lässt sich daran sichtbar machen, wie das Grundver-
ständnis der Universität als Institution gesehen wird. Dabei gibt es mehrere Perspektiven. Einmal ist das die klassische Funktion der „Hum-
bold'tschen Variante" der „Bildung durch Wissenschaft", die (nach An-
gaben beinahe aller Lehrenden) vor den Bedingungen der Massenuniversität längst kapituliert hat:

> *Wenn mir das noch einer erklären kann, in einem Mas-*
> *senkurs mit 100 Teilnehmern, wo du mehr Zirkusdomp-*
> *teur als Lehrer bist und wo du nur darauf schauen*
> *kannst, dass du eine Grundlage für deine Note hast, da-*
> *mit sich nicht wieder alle bei der ÖH [Österreichische*
> *Hochschülerschaft, R. E.] aufregen, dann ist da kein Auf-*

trag der Universität mehr zu spüren. Da bist du dann
weder Wissenschaftler noch Lehrer, sondern Fließbandar-
beiter, der die Packerln mit dem Strichcode am Ende über
den Scanner zieht. (I 12, Z. 146-152)

Der sich noch immer in Reden wiederfindende humanistische Bildungs-
begriff wird von den Lehrenden in vielen Statements als „Schönfärberei"
bezeichnet, da hierbei die fundamentalen institutionellen Bedingungen
„freimachender" Bildungsarbeit nur noch als Zynismus gedeutet werden.
Ist es zwar als Person möglich, Formen der emanzipatorischen Beteiligung am Lehr- und Lernprozess zu entwickeln, so entpuppt sich die
strukturelle Beziehung zwischen Lehrenden und Lernenden in einem
permanenten Krisenszenario alltäglicher Mangelverwaltung. Die heute
erlebte Form der Universitätsidee wird in der konkreten (wiederum aufgefächert nach den Reputationsfeldern der Wissenschaftsfelder) Arbeit
als ein allumfassendes Funktionalisierungsbündel gesehen, das einem
unmittelbaren Abarbeitungsdruck unterliegt. Sowohl Forschung als auch
Lehre finden demnach ihre maßgeblichen karrierefördernden Parameter
im Abarbeiten von vorgegebenen Ablaufplänen. Weder Lehrende noch
Lernende haben in dieser Version ausreichend Zeit und Gelegenheit, eine
durch eigenes Bemühen erfolgte Selbstformung im Rahmen der individuellen Kräfte und Möglichkeiten zu entwickeln. Die dadurch geschaffene gemeinsame geistige Welt „Universität", auf deren Boden sich (for-
schende, lehrende und lernende) Individuen entfalten können, verkommt
dabei zusehends in immer engeren Projektplänen, zeitlich begrenzten
Zusammenarbeitsarrangements oder aber auch in selbstgefälligen Ges-
ten. Auswege aus dieser Situation werden als schwierig beschrieben:

Also ich unterrichte auch auf einer FH und die Leute
dort, also die machen auch Forschung, sagen sie, aber das
ist halt eher eine Art angewandte Lehre, würde ich halt
einmal sagen, und denen geht es also sehr gut, was diese

Dinge betrifft, weil die haben einen klaren Fokus auf die
Lehre. Da müssen sie gut sein, was rüberbringen, und die
Forschung, die läuft halt so nebenbei. Aber die werden al-
so für die Lehre bezahlt, während bei uns an der Uni
wirst du dann wieder vom performance record bestraft,
wenn du nichts gemacht hast. Da ist mir das FH-Modell
also ehrlicher, weil die sagen, die Lehre muss gut sein und
die Forschung holen wir schon irgendwie herein. Bei uns
sollst du alles haben, und das auch noch unter ungleichen
Bedingungen, weil an der FH habe ich keine Massen, die
ich versorgen muss. (I 6, Z. 101-109)

Gerade was die Schnittstellenmöglichkeiten von Forschung und Lehre
betrifft, sehen vor allem die Lehrenden in den Geisteswissenschaften
große Probleme darin, dass hier durch die Steuerung des universitären
Forschungsbetriebes, durch den immer stärker werden „Zwang", sich
externen Forschungsprogrammen und Fördermöglichkeiten zu unterwerfen, viel an Spezialwissen generiert wird, das in der Lehre kaum rele-
vant ist. Meist verlaufen hier die Orientierungslinien nach Spezialdiskur-
sen, die in den jeweiligen Fördergeberinstitutionen gesteuert werden,
und die Antrags- und Projektsemantiken bzw. Forschungsgemeinschaf-
ten fördern, deren Spezialisierungsgrade kaum in die studierende Welt
eindringen.

Und dann dieser ganze Drittmittel-Wahnsinn! Das ist
überhaupt der größte Schwachsinn für uns in den Geis-
teswissenschaften. Da verteilen irgendwelche abgehobe-
nen Institutionen Mittel für Sachen, die ihnen gerade in
den Kram passen und das wird an den Instituten dann
gemacht. Das bringt weder interessante Ergebnisse, noch
kommt davon was in der Lehre an. (I 8, Z. 64-67)

Differenzierter wird dies im Bereich der Sozial- und Naturwissenschaften gesehen, weil hier an vielen Stellen bereits teamartige und aufgabenbezogene Wissenschaftsformen entwickelt wurden, die sich innerhalb konkreter Projektabläufe als eine Art „lernende Organisationen" verstehen. Besonders in den technischen Studiengängen (außer in der Architektur) kommt hier noch dazu, dass der Andrang an Studierenden noch meist überschaubar ist und dass hier von Vornherein teambezogenere Strukturen vorherrschen.

> *Also bei uns am Institut ist da alles sehr teambezogen, weil wir machen grundsätzlich nur Aufträge aus der Industrie, also das ist zumindest das Ziel, und da sind wir sehr auf den Transfer bezogen. Da profitieren dann auch die Studierenden, weil sie neueste Infos bekommen und für eine Diplomarbeit auch oft was dabei abfällt. (I 14, Z. 34-37)*

Diese konkrete Arbeit an der Verbindung von Nähe zu Projekten, kleinformatigen Studierendenbetreuungsmöglichkeiten und die Dichte der einzelnen Wissenschaftssparten wird von den Lehrenden als überaus wertvoll für die Herausbildung einer sinn- und gehaltvollen Lehre bezeichnet.

> *Also, das ist der enorme Vorteil bei uns, dass wir so eine Werkstattatmosphäre fast haben, da brauchst du also oft nicht viel überzeugen, weil wenn die Studenten etwas nicht draufhaben, merken sie das auch von alleine recht schnell, und dann kommen sie eher zu uns fragen. Das ist schon ein Vorteil in den anwendungsbezogenen Sachen. Schwieriger ist auch bei uns in den Grundlagenfächern, wo du das dann nicht so schnell hast, den Response. (I 14, Z. 42-46)*

Haben in den technischen Fächern die anwendungsorientierte/industrienahen Forschungsarbeiten oder die drittmittelfinanzierten Projekte einen wesentlichen Anteil innerhalb der einzelnen Arbeitsbereiche, so wird diese Orientierung in den studierendenstarken und oft reputationsärmeren geisteswissenschaftlichen Massenfächern nicht so vorbehaltlos angenommen. Zu unterschiedlich werden dabei die Ausgangsbedingungen für „Erfolge" innerhalb der sich etablierten Wettbewerbsbedingungen eingeschätzt. Desgleichen werden für die Lehre die Effekte dieser Entwicklung angezweifelt. Zwar wird erwähnt, dass es bereits viele Lehrpreise gibt, die ausgezeichnete Lehre sichtbar machen sollen, aber die grundlegende Rolle der Lehre wird dabei kaum unterstützt oder gefördert.

> *Ich habe den Eindruck, dass an der Uni nur noch die Forschung zählt, da werden Cluster in Technik oder Medizin geschaffen und die Publikationen gezählt. Aber für die Lehre gibt es keine Cluster, das bleibt Einzelarbeit und auch unbedankt, wenn man sich da abstrampelt. (I 9, Z. 148-150)*

Zwar wird konstatiert, dass es bereits viele Lehrpreise und auch Tage der Lehre gibt, die „ausgezeichnete" Lehre sichtbar machen sollen, aber die grundlegende Rolle der Lehrenden wird aus Sicht vor allem derjenigen, die in geistes- und sozialwissenschaftlichen Studien lehren, kaum unterstützt. Im Widerspruch zu den vielen Aufforderungen, Statements und Versprechen wird hier betont, dass die Räume für ein verantwortungsvolles Lehrhandeln strukturell immer weiter sinnentleert werden.

> *Wir sind doch diejenigen, die junge Menschen auf ihrem Weg in die Gesellschaft begleiten sollen. Wir haben eine*

Riesenverantwortung. Aber dieser Verantwortung steht die Bedeutung, die unserer Hochschulausbildung zugemessen wird, diametral entgegen. (I 9, Z. 172-174)

2.3 Subjektspezifische Faktoren

Die Bedingungen unter denen Lehrende bereit und in der Lage sind, Ressourcen in ihre Lehre zu investieren, sind meist wenig unterschiedlich. Die eigenen Lernschritte in der Lehre werden von den Befragten aber durchaus kontextspezifisch argumentiert, analysiert und bewertet und hängen wiederum sehr stark von den jeweiligen institutionellen Bezugspunkten, aber auch stark von den eigenen Ansprüchen ab. So zeigt sich in den Interviews der Zusammenhang zwischen allgemeiner Beziehungsbereitschaft und didaktischem Bemühen augenscheinlich. BiographieträgerInnen, die in ihren Schilderungen Wert darauf legen, ihr Leben unter einem Beziehungsaspekt zu interpretieren, verweisen auch viel stärker auf konkrete Lernschritte in Bezug auf ihre Rolle als Hochschullehrende.

> *Bei mir waren das also immer konkrete Menschen, die mich in der Didaktik weitergebracht oder herausgefordert haben. Da habe ich also gespürt, dass mir hier etwas fehlt, in diesen Situationen, ich meine jetzt nicht nur, dass das nicht in Ordnung war, also ich war vorbereitet und so, aber ich habe einfach in den Augen von jemandem im Kurs oder nachher bei den Fragen gesehen, dass ich da was übersehen habe. (I 1, Z. 164-168)*

Diese ressourcenstärkende Haltung ist in den Interviews vorwiegend bei Frauen anzutreffen, die sehr darum bemüht sind, die eigene Lehre als

biographische Lerngelegenheit zu begreifen. Bei männlichen BiographieträgerInnen wird meist ein strategisches Interesse hervorgehoben, das
aber auch konkret an die eigene Lehrleistung geknüpft wird.

> *Wenn du dir das genau überlegst, dann hat die Lehre na-*
> *türlich einen Vorteil, dass du das nämlich sozusagen aus-*
> *probieren kannst, was du alles drauf hast. Also mir geht*
> *es oft so, dass ich sogar Sachen, die ich schon lange ver-*
> *wende, manchmal erst nach zwei oder drei Lehrveranstal-*
> *tungen richtig kapiere und dann auch noch Sachen für*
> *mich ableite, die ich dann weiterverfolge. (I 4, Z. 44-48)*

Insgesamt wird aber von beinahe alle Befragten betont, dass ein „Besser-
Werden" in der Lehre eine vor allem intrinsisch motivierte Angelegenheit ist, denn:

> *Da brauchen wir uns nichts vorzumachen, die Lehre hat*
> *einen geringen universitären Marktwert. Das ist zwar*
> *nett, wenn du von den Studenten gelobt wirst, aber im*
> *Grunde sind alle im Haus froh, wenn es keine Beanstan-*
> *dungen gibt, also, dass zu wenig Seminarplätze sind oder*
> *so. Was du dann da machst, ist wieder deine Sache. Es hat*
> *ja auch die Evaluation keine Bedeutung. Das wissen die*
> *Studierenden auch, weil die Rücklaufquoten sind, was ich*
> *jetzt bemerke, äußerst gering. (I 5, Z. 68-79)*

Innerhalb dieser eigenverantwortlichen Lernziele sind es vor allem der
individuelle Ausbau der eigenen Fähigkeiten und Kenntnisse und die
Bezugnahme auf eigene Kompetenzen, die das Autonomieerleben und
die Zufriedenheit mit der Lehrsituation erhöhen. Dadurch können auch

institutionelle Zielkonflikte verringert und das individuelle Lehrengagement gesteigert werden.

> *Ich merke also schon bei mir, dass ich da im Laufe der Jahre sicherer geworden bin, was meine Aufgabe als Lehrende betrifft. Da habe ich erst hineinfinden müssen. Am Anfang ist das doch eher so, dass ich leicht zu verunsichern war, manchmal auch schon durch eine Sekretärin, wo sich eine Studierende beschwert hat, das hat mich dann getroffen, wie kommt die dazu, mich zu maßregeln, was die Lehre betrifft. Mit der Zeit habe ich aber gesehen, wo meine Stärken liegen, also vor allem in Seminaren und das habe ich dann ausgebaut. Auch durch die hausinterne Weiterbildung, aber vor allem durch andere Seminare, außer Haus und durch Kontakte. (I 7, Z. 46-52)*

Die Herausbildung eigener Kompetenzen ist in der universitären Lehre wegen der vielen unklaren und wenig angeleiteten Entwicklungsschritte aber oft auch ein schwieriges Unternehmen, da die konkreten Ansprechpersonen dafür weitgehend gefehlt haben.

> *Für mich war das zu Beginn so eine Art von double-bind-Situation, wo ich immer herumirren musste, zwischen dem, was mein Chef wollte und was ich selber machen konnte, weil am Anfang, machst du also eh sehr vieles, wie du es gehört hast, ohne viel Überlegen, und dann rennst du halt von A nach B und bemühst dich, aber interessiert hat das eh keinen. Außer, wenn sich einer aufgeregt hat. Das war immer das Schlimmste, wenn was nach außen gedrungen ist, zur ÖH oder so und da haben dann alle Druck gemacht. Sonst warst du also so ziemlich allein und hast eben weitergewurstelt, was du deiner Mei-*

nung nach machen musst. (...) So nach dem zweiten Jahr
habe ich zaghaft einmal meinen eigenen Anspruch an die
Lehre definiert, aber es hat noch lange gedauert, bis ich da
gewusst habe, was ich in der Lehre will. Seit damals aber
geht es mir viel besser. Das war aber erst nach der Habil.
Ist eigentlich erschreckend, wenn ich das jetzt so sage. (I
16, Z. 23-34)

Gerade dieser Aspekt der Eigenverantwortlichkeit in der Entwicklung von Lehrkompetenz wird von den Befragten, die schon mehrere Jahre im universitären Kontext arbeiten, als problematisch gesehen. In der Schilderung ihrer Wege, wie sie zu ihren Lehrveranstaltungen gekommen sind, wie sie darauf vorbereitet wurden und welche Unterstützung sie dabei in Anspruch nehmen konnten, erweist sich, dass universitäre Lehre für sie als eine Art von Nebenjob funktioniert. Dabei wurde die Herausbildung eines Lehrhabitus vor allem von der eigenen Sensibilität für Lehrsituationen gesteuert, die sich wiederum daran orientierte, welches Bewusstsein für die Lehre im unmittelbaren Umfeld vorhanden war.

Also ich habe das nie erlebt, dass wir bei einer Dienstbe-
sprechung die Lehre jetzt inhaltlich besprochen hätten.
Schon, wer was macht und so, aber nie auch nur ein Wort
über das, wie's mir dabei geht oder so. Sondern nur über
Kongresse und Publikationen. (I 12, Z. 102-103).

Die Orientierung am Forschungshandeln und am Wissenschaftsbetrieb drückt sich demnach als vorherrschende Botschaft in allen Interaktionseben aus. Die Lehre ist „zu bewältigen."

Und mit wem hätte ich mich austauschen sollen? Ich habe
ja den Professor selber als Lehrer gehabt und ich habe ge-

wusst, wie der unterrichtet, also frontal und voll durch-
gezogen. Da wäre ich mir ja blöd vorgekommen, wenn ich
da etwas gefragt hätte, weil ich hab schon im Vorhinein
gewusst, was ich da zu hören bekomme. Und das hat man
dann auch nicht gemacht. (I 16, Z. 104-107)

In dieser „kommunikativen Grauzone" haben sich angehende Lehrende sowohl einen konkreten Lehrabwicklungsmodus als auch ein dazu pas-sendes Studierendenbild erarbeiten müssen. Beides zusammen muss den konkreten Anforderungen in den Lehrsituationen einen festen Boden bereiten. Dabei werden vielfach Zuschreibungen vorgenommen, die als Rechtfertigungsparameter verwendet werden.

Eine Gefahr bei der Lehre ist ja, dass du ziemlich bald ab-
gehoben sein kannst, weil die Studierenden müssen halt
tun was du willst, und das nutzen viele auch aus, dass sie
so kleine Möchtegern-Oberlehrer sind. Und dann das
Schimpfen auf die Studierenden, das die zu dumm sind
und so, nichts kapieren. Also das geht leicht und da muss
man verdammt aufpassen, dass man nicht auf diesen Zug
aufspringt. Ich habe das immer kritisch gesehen, auch bei
mir selbst, aber ich war da ein Semester in Amerika und
da habe ich viel mitgenommen, diese Achtung und die
Professionalität auch den Studierenden gegenüber. Na-
türlich ist das auch ein Spiel, aber es prägt doch, wie du
die Welt siehst, was deine Rolle ist. Und seit damals pro-
biere ich also diese Haltung zu vermitteln, in der Sache
schon hart, aber auch klar und offen für Personen. Das
macht für mich die Lehre viel einfacher. (I 3, Z. 62-70)

Innerhalb dieser Rollenentwicklung spielen aber Belastungsrisiken durch die institutionellen Zielkonflikte innerhalb der Universität eine große Rolle für die Entstehung bzw. für die Aufrechterhaltung der eigenen Lehrmotivation.

> *Wenn ich jetzt sehe, was z. B. die Forschungsevaluation jetzt angeht, dass da die Lehrbelastung und die Diplom-arbeiten und der ganze Betreuungsaufwand also über-haupt keine Rolle spielen, und auch nicht, was du noch so alles für die Studierenden tust, dann frage ich mich schon, wozu dann das gut sein soll. Weil von der Uni-Leitung bekommst du immer gesagt, du sollst forschen und Patente und Kongresse und Journals und das alles machen, und wann soll ich das machen? Der neueste Tick ist ja diese Wissensbilanz, also da drückst du im perfor-mance record drauf und siehst, was jemand gemacht hat. Das ist also eine Augenauswischerei sondergleichen, weil wenn du alles jetzt so ernst nimmst, was da von der Lei-tung kommt, dann kannst du die Lehre schlichtweg ver-gessen. (…) Musst nur schauen, dass du den performance record brav fütterst. (I 4, Z. 12-22)*

Gerade wenn es um die Herausbildung eines Lehrhabitus geht, wird von universitär arbeitenden Menschen (vor allem im sogenannten Mittelbau) darauf hingewiesen, dass sich die jeweiligen Bezugspunkte der eigenen Entwicklung im universitären System als widersprüchlich herausstellen. Das in den „Mission Statements" immer wiederkehrende Bekenntnis zur Qualität der Lehre wird vielfach dort als unvereinbar mit der Erfüllung der eigenen Rolle gesehen, wo sich die einzelnen daraus ergebenden Aufgaben als unvereinbar zeigen. Deutlich wird dies an den Diskussio-nen in Bezug auf die Funktion, die Möglichkeiten und Grenzen einer „Massenuniversität". Hierbei fühlen sich vor allem VertreterInnen der großen (nicht zugangsgeregelten) Studienrichtungen in eine paradoxe Situation gebracht, die auch mit (nicht sofort offensichtlichen) Steuerungsmechanismen in Verbindung gebracht wird.

> *Also ich vermute jetzt einfach einmal, dass das Absicht ist, dieses permanente Ändern der Ziele. Einmal Forschung, dann wieder Lehre, einmal Exzellenz, dann wieder Masse und so weiter. Was da passiert, ist für mich eine bewusste Täuschung, damit man die Leute also so verunsichert, dass sie leichter steuerbar sind, dass sie dann auch nicht murren, wenn die Belastung immer mehr wird, weil es könnte ja noch schlimmer werden. (I 9, Z. 102-106)*

Ganz allgemein wird die Herausbildung eines individuellen akademischen Habitus stark von den jeweiligen strukturellen Bedingungen des „Systems Universität", des Reputationsfeldes der eigenen Bezugswissenschaft und der hier eingelagerten sozialen und ökonomischen Kapitalsorten bestimmt. Dabei zeigt sich generell aber ein Trend, dass der Ort der Universität als Stätte des geistigen Miteinander, des schöpferischen Hervorbringens von Ideen und Lesarten der Welt, als Brücke zwischen Status quo und nachhaltiger Innovation, vor allem in den studierendenstarken Studienrichtungen als äußerst gefährdet, wenn nicht gar als kaum noch möglich, beschrieben wird.

> *Also wenn du jetzt die klassischen Universitätsprofessoren nimmst, also die Männer eben vor allem, jetzt diese Wissenschaftler, die noch einen aufwändigen akademischen Lebensstil haben, die in der Welt herumkommen, also deren Stimme jetzt auch Gewicht hat auf Kongressen und so, also die zumindest, die ich kennengelernt habe, die sind einfach anders im Auftreten und werden auch*

von den Studenten anders wahrgenommen. Da ist so et-
was Lässiges, ohne Überheblichkeit, also so ein Geist von
Oxford oder Harvard oder so, und das ist also etwas, das
kannst du nicht lernen, in keiner Hochschuldidaktik. Das
ist ein Lebensstil, und der wird bei uns immer mehr ka-
puttgemacht. Wir sind eher so Kleinkrämer, die mit ihrem
Bauchladen den Drittmittelmarkt abgrasen. (I 12, Z. 66-
75)

Trotz all dieser Hindernisse, Unwägbarkeiten und Abhängigkeitsstrukturen verweisen beinahe alle Befragten auf ihr Grundbedürfnis nach Autonomie in der Lehre, auf deren Grundlage erst die eigene Kompetenz zur Geltung gebracht werden kann. Hierbei werden vor allem Elemente der subjektiven Befindlichkeit genannt. Während es für viele Lehrende kein großes Autonomiehindernis ist, sich strukturellen „Stoffzwängen" zu unterwerfen, so ist es im Bereich des „persönlichen Stils" für alle sehr wichtig, nicht in ein Schema von Lehre gepresst zu werden. Sind die hier vorfindbaren Gestaltungsmöglichkeiten auch oft sehr bescheiden, so ist es das subjektive Befinden, sich die Lehrendenrolle zumindest partiell frei zu wählen, entscheidend für die Wahrnehmung der eigenen Befindlichkeit.

Ich bin ja nicht Lehrer geworden, sondern ich bin Wissen-
schaftler und da bin ich sehr interessiert daran, einen
Forschungshabitus auch in der Lehre einzunehmen. Als
Wissenschaftler bin ich an einen konstruktiven Umgang
mit sachlich fundierter Kritik gewöhnt und das will ich
jetzt auch vermitteln. Man hat ohnehin wenig Chancen
dazu, den Studenten zu zeigen, was wirklich Sache ist
und da will ich wenigstens das Wie stärker durch meine
Person hervorheben. (I 20, Z. 112-114)

2.4 Lehrentwicklung am Schnittpunkt multipler Bezugswelten

Die hier behandelten drei Bereiche der arbeitsplatzbezogenen, hierarchischen Ebene und der Stellung im Universitätsgefüge, die Verbindung von Forschung und Lehre und die personenspezifische Belange lassen sich folgendermaßen darstellen:

- Wesentlich ist hierbei das Bedingungsgefüge zwischen den Anforderungen einer Wissenschaftskarriere aus der Sicht der jeweiligen Fachkultur. Hier werden die spezifischen (impliziten und expliziten) Übereinkünfte einer universitären Entwicklung im „System" über outputgesteuerte Kontrollinstrumente im Sinne der Personalentwicklung für alle Beteiligten spürbar. Hochgradig abhängig von der Akquisition von Projektmitteln, der (inter-)nationalen Vernetzung, von Zitations-Indices oder dem Auffüllen der einzelnen „Performance Records" werden die Parameter der Karrierezielerreichung in ihrer Wichtigkeit eindeutig zugunsten des Forschungshandelns festgeschrieben.

- Die wünschenswerte Verbindung zwischen Forschung und Lehre in eine forschungsgesättigte Lehre wird zwar immer wieder betont, jedoch wird diese in der Regel wegen der dramatisch ungleichen Ausgangs- und Zielsituation nur dann tatsächlich erkennbar, wenn personale Stärken (wie Vermittlungs- und Forschungsfreude etc.) auch von der Fachkultur und den Studienbedingungen unterstützt werden.

- Das Hineinwachsen von universitären Lehrenden in die Lehre geschieht vor allem durch die jeweilige Fachkultur, die den Stellenwert der Lehre im Karriereverlauf und im alltäglichen Sprachgebrauch dominiert. Innerhalb dieser strukturellen Hindernisse werden die personalen Aktivitäten (vor allem im Bereich des „Mittelbaus") zwar als unerlässlich angesehen, aber an jenen Stellen als zu „stumpf" erlebt, wo kein institutionelles Feedback vorhanden ist. Haben viele Lehrende zwar durchaus beachtliche Möglichkeiten sich in die Lehre offensiv und didaktisch wertvoll einzubringen, so bleiben diese Aktivitäten vor allem dort, wo ein systemisches Lehrentwicklungskonzept fehlt, meist sehr individualistisch, weil ihnen eine gemeinsam geteilte Lehrentwicklungsdimension fehlt.

• Die deutlich zu spürenden Ziel- und Mittelkonflikte zwischen Forschung und Lehre werden aus der Sicht der Lehrenden sehr unterschiedlich bewertet, wobei es in den studierendenstarken Studienrichtungen vor allem darum geht, mit Situationen zurecht-zukommen, die durch unklar strukturierte Zusammenhänge zwischen Lehre und Forschung, zwischen Lehrleistung und Lernertrag der Studierenden und zwischen den epistemologischen und didaktischen Voraussetzungen ihrer Lehre gekennzeichnet sind. Graphisch könnte sich die Entwicklung von Lehrkompetenz folgendermaßen skizzieren lassen:

Lehrentwicklung am Schnittpunkt multipler Bezugswelten

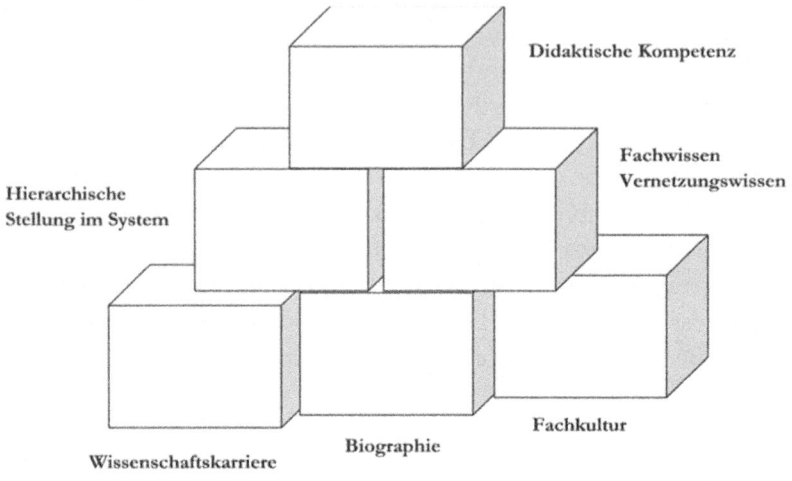

Didaktische Kompetenz

Fachwissen
Vernetzungswissen

Hierarchische
Stellung im System

Fachkultur

Wissenschaftskarriere   Biographie

2.5 Es gibt nicht „die" Lehrenden ... –
Dienstverhältnisse und ihre Konsequenzen für die Lehre

Spätestens in Fortbildungsveranstaltungen zu hochschuldidaktischen
Themenbereichen wurde den Interviewten einsichtig, wie unterschiedlich die Situation der Lehrenden an Universitäten ist. Die jeweiligen
Dienstverhältnisse (ob Senior Lecturers, AssistentInnen mit Kurzverträ-
gen, externe Lehrbeauftragte etc.) geben neben dem Ausmaß der Lehr-
verpflichtung auch Auskunft über die Integration in die jeweiligen institutionellen Gefüge und die Möglichkeiten des Aufbaus einer wissenschaftlichen Vitae. Da sich die universitäre Lehre für die Befragten um
diese beiden Pole konzentriert, haben Abweichungen davon auch beachtliche Konsequenzen für die Entwicklung eines Lehrhabitus. Gerade im

Bereich der Integration von Forschung- und Lehrhandeln werden dabei systemimmanente Krisen sichtbar, die die Heterogenität der universitären Lehre noch vorantreiben. So schildert z. B. eine sogenannte Fachdidaktikerin:

> *Wir sind also, sage ich jetzt einmal, die Vergessenen, für die man sich fast ein wenig schämt auf der Uni. Ich weiß also schon, was ich mache mit den Studenten, aber wenn du „Grundstufe Spanisch" jedes Mal machen musst, also immer das Gleiche, dann ist das auf der einen Seite schon auch herausfordernd, weil jede Gruppe ist anders, aber du machst eben immer doch die Basics, schaust auf die Grundlagen, und der Spielraum ist eher gering, genauso wie in der wissenschaftlichen Entwicklung. Wenn du also in kein Forschungsprojekt eingebunden bist, dann wurstelst du halt dahin. Das ist dann tatsächlich so wie in der Schule. (I 11, Z. 28-42)*

Dort, wo die Universität als Wissenschaftsinstitution sichtbar und durch Forschungsinitiativen lebendig wird, sehen sich Lehrende aus den oben erwähnten Randgruppen davon ausgeschlossen oder nur unter zusätzlichen Kraftanstrengungen willkommen, wie dies ein „Lecturer" berichtet:

> *Ich bin jetzt also definitiv als Lehrsklave angestellt. Ich muss 16 Stunden unterrichten, „darf" Bacc-Arbeiten betreuen und so und wenn ich das nicht mache, steigt mir die Uni drauf und fragt mich, was ich denn für ein Problem habe. (I 15, Z. 12-14)*

Ähnlich von der emotionalen Seite, anders aber im erwünschten Tätigkeitsfeld, beschreiben Personen mit einer zeitlich eng befristeten Stelle ihre Situation:

> *Ich weiß das also, dass nach zwei Jahren Schluss ist, das hat mir mein Professor also klipp und klar gesagt, dass das eine Fluktuationsstelle ist. Ich habe auch nur jetzt eine Übung und da bin ich schon streng, weil ich möchte, dass die was lernen, das ist auch die Vorgabe, das ist manchmal gar nicht so angenehm, aber da lerne ich auch viel selber dabei. Mein Freund fragt mich manchmal, warum ich mich da so reinhänge, wenn das eh nach zwei Jahren aus ist, das versteht er also nicht, aber ich möchte das so gut wie möglich machen. (I 21, Z. 34-38)*

Wiederum anders ist die Situation von externen Lehrenden. Sie sind vor allem dazu an den Universitäten, um allfällige Lehrengpässe zu überbrücken, aber auch, um den Praxiskontakt zu den potentiellen Berufsfeldern frühzeitig aufzubauen. Gerade diese letzte Funktion ist überaus bedeutend, bedarf aber auch der strukturellen institutionellen Einbettung, um hier ein spezifisches Lehrangebot für die Studierenden (und letztlich auch für die Universität) anschlussfähig machen zu können. Externe Lehrende bringen dazu recht unterschiedliche Kompetenzen, Anforderungen und Wünsche an die Universität mit. Sehen sie sich in der Rolle der externen ExpertInnen, die punktuell Inputs einbringen, so können sie ihre Rolle in der Regel auch gut mit ihren Aufgaben vereinbaren. Wollen Sie allerdings mehr, haben sie vor allem damit zu kämpfen, dass sie kaum etwas über die jeweiligen KollegInnen und deren Stile, didaktischen Konzepte und Inhalte wissen. Auch der fehlende Kontakt zu institutsinternen Strukturen macht sich hier deutlich bemerkbar.

Ich gehe da also rein und mache meine Dinge. Ganz sel-
ten, dass ich jemanden von dort treffe, meistens am Gang,
aber die wissen meistens gar nicht, wer ich bin. Ich war
auch schon zu Treffen eingeladen, aber da war ich meist
auch nur das fünfte Rad am Wagen. Ich schaue mir halt
das Curriculum an, dass ich weiß, was ich machen muss,
aber meistens ist das eben nur der Kontakt zu Studieren-
den und mit dem Sekretariat eben, aber da musst du auch
Glück haben, dass jemand Zeit hat, obwohl die sich eh
bemühen, schon. (I 22, Z. 45-49)

Aus dieser Randposition ergeben sich auch viele weitere Problemstellun-
gen, die auf die Motivation der Lehrenden wirken.

Was mich immer so aufgeregt hat, war dieses Hinwegset-
zen über die Leistung. Als Externe kriegst du halt eine
Lehrveranstaltung und dann musst du dich also fast be-
danken, dass du für wenig Geld viel Arbeit hast. Und
dann haben sie mir auf einmal ein Seminar gestrichen,
einfach so, da ist mit mir nie geredet worden darüber.
Und ich habe also immer gute Evaluationsergebnisse ge-
habt, aber das hat also gar nichts gezählt. (I 22, Z. 86-90)

Sind die Aufgabenstrukturen der hier präsentierten universitär Lehrenden zwar strukturell alle an die Bedingungen eines einheitlichen Curricu-
lums gebunden, so sehen die unterschiedlichen Passungsverhältnisse
und die sich daraus ergebenden Konsequenzen für die tatsächliche Lehr-
auffassung doch recht unterschiedlich aus. Sehen sich die in der Institution Universität gebundenen Lehrenden vor allem aus WissenschafterInnen und mit dem dadurch verbundenen „Druck", die Wissenschaftskarriere voranzutreiben, so ist die große heterogene Gruppe der befristet

oder peripher angestellten Lehrenden durch folgende Bereiche charakterisiert:

- Meist große intrinsische Motivation für die Lehre, die sich aus der Situation der verstärkten Bezugnahme auf Lehraspekte in der Herleitung der Berufsrolle oder der jeweiligen Praxisvermittlungsaufgabe ergeben.
- Das Fehlen spezifischer universitätsimmanenter Sozialisations- und Entwicklungsfelder, das sich vor allem darin zeigt, dass kaum Anschluss an fachbereichsbezogene Ausrichtungen und Diskussionen gefunden wird. Dies kann ein Vorteil sein, weil hier Studierende „andere" Stile und Schwerpunkte kennenlernen können. Von Nachteil ist es dann, wenn Lehrende sich dabei alleingelassen fühlen, ohne zu wissen, wie sie sich im „Konzert" der anderen Vortragenden platzieren sollen.
- Insofern die Sinnhaftigkeit der eigenen Lehrtätigkeit nicht aus einer außeruniversitären Tätigkeit abgeleitet werden kann, entstehen hier oft Diffusitäten und unklare Ansprüche der Lehrenden an das System der Universität. Gerade dann, wenn berufliche Möglichkeiten schwer zu realisieren sind (vielfach stammen Lehrende vor allem in den Geisteswissenschaften aus befristeten Projekten), sehen Externe ihre Lehre als unbefriedigend und letztlich auch als ausbeuterisch an.
- Die Brüchigkeiten in der Verbindung von Wissenschafts- und Lehrendenrolle werden im Bereich der (Senior) „Lecturers" am Augenscheinlichsten. Sie sehen sich in den Anforderung von 16 Stunden Lehre und dem Aufbau eines wissenschaftlichen Habitus zerrieben. Sofern Sie nicht schon habilitiert sind, können ihre Mühen in Hinblick auf diesen Qualifikationsschritt aufgrund ihrer spezifischen Dienstverträge strukturell kaum anerkannt werden.

2.6 Der „Aufbau" von Lehrautorität

Ein wesentliches Element im Hineinfinden in die eigene Lehrendenrolle
stellt der Umgang mit Konflikten, eigenen Unsicherheiten und Unwägbarkeiten im Lehrhandeln dar. Anders als LehrerInnen in den Schulen
oder in der Erwachsenenbildung haben universitär Lehrende auch hier
kaum systematisierte Erfahrungsbasen oder ein spezifisches Methoden-
wissen, das sie in Lehrsituationen verwenden könnten, parat. In der Auseinandersetzung mit der eigenen Lehrrolle und den damit verbundenen
Rollenspannungen greift ein großer Teil der Lehrenden auf den bislang
erlebten Professionshabitus zurück. Abgesichert wird dies vor allem
dadurch, dass die Lehre nur ein Teil ihrer Wissenschaftskarriere ist, wobei die lehrenden Aufgaben im Allgemeinen und die entwicklungsdy-
namische Bezugnahme auf studentische Lernprozesse daraus abgeleitet
wird. Die erste Feststellung in Bezug auf die Rolle von Lehrenden an
Universitäten haben beinahe alle Befragten mit dem Hinweis eröffnet,
dass sie sich ihre Rollendefinitionen anhand spezifischer wissenschaftlicher Habitualisierungen und Funktionserfordernisse gestalten.

Also ich denke, dass sich jemand der auf der Uni bleibt,
sich nicht so sehr als Lehrer sieht, zumindest sehe ich das
so, dass da das Lehrersein also nicht im Vordergrund
steht und deshalb ist es auch anders in der Lehre selbst.
Weil da bist du dann Wissenschaftler und Fachmensch
und wenn sich jemand dafür interessiert, ist das gut und
wenn nicht, will ich dem jetzt also auch nichts beweisen,
weil ich bin jetzt also nicht für den verantwortlich, dass
er sich hier entwickelt. Das ist nicht wie in der Schule.
Hier bin ich schon eine Art von Expertenautorität. (I 4,
Z. 78-82)

In diesem Rollenverständnis setzen Lehrende die Möglichkeiten und Erfahrungsbasen für ihre Lehre vorwiegend aus einer begrenzten Fülle von institutionenspezifischen und biographischen Einzelstücken zusammen, wobei fast immer lang- und mittelfristige Pläne zur Entwicklung der Lehre fehlen. Ihre Stärken liegen im Finden und Aufgreifen fachlicher oder kommunikativer Anschlussmöglichkeiten für ihre Lehrveranstaltungen, wobei sie immer wieder auf ihr angestammtes fachliches Kapital zurückgreifen. Dabei betrachten sie das Sinnuniversum der Universität aus der Sicht ihrer wissenschaftlichen Ambitionen und „absolvieren" ihre Lehre ohne prätentiöse Ansprüche. Eine allfällige explizite Übernahme einer pädagogischen Funktion leitet sich dabei einerseits von den Prinzipien einer fachdidaktischen Präsenz, andererseits von einem disziplingerahmten Wissensmanagement ab. Die solcherart hergestellten Kontakt- und Kommunikationsflächen mit Studierenden werden auf der Ebene der spezifischen Lehrinhalte im Sinne einer universitären Lernhaltung zu binden versucht. Die impliziten und expliziten Erwartungen an die Studierenden sind dabei von Fach zu Fach zwar verschieden, sie treffen sich aber dort, wo von den Studierenden bereits (zumindest rudimentär) gefestigte Wissenschaftshaltungen verlangt werden. Diese beziehen sich vor allem auf die Art und die Organisation im Zugang zum Lernstoff, haben aber auch Auswirkungen auf die prinzipiell geforderten „studentischen Tugenden" der Ernsthaftigkeit, der Redlichkeit und des Agens des „Wissen-Wollens". Vor allem in Abgrenzung zum schulischen Lernen werden hier Erwartungsstrukturen betont (in vielen Fällen aber auch nur implizit vorausgesetzt), die den jeweiligen Lehrenden helfen (sollten), ihre Lehr-Räume zu festigen. Dabei wird das Vorhaben der Einheit von Lehre und Forschung in der Regel so begründet, dass die Studierenden die Normen der Lehrenden übernehmen sollten, da diese darüber Bescheid wissen, wie Wissenschaftshandeln organisiert und durchgeführt wird. Anders als in der Schule, wo Wissen (von den Personen her nichts mit Forschung zu tun hat) kontextlos weitergegeben wird, wird der universitären Ebene eine exklusivere Variante von

Lehrprozessen unterstellt, die aufgrund der wissenschaftlichen Tätigkeiten der Lehrenden höher bewertet wird. Das geht soweit, dass auch bei gleichen Lehrmethoden wie in der Schule eine nur der Universität inhärente Form der Wissensvermittlung proklamiert wird, weil hier eben ForscherInnen quasi direkt aus ihrer Forschungswerkstätte, aus der scientific community und deren Diskursen heraus, Wissen vermitteln. Diese Vorstellung einer übergeordneten Form der Wissensgenerierung und eine damit einhergehende Wissensvermittlung ist in beinahe allen Interviews eine grundlegende Folie des Begründungszusammenhanges universitärer Lehre. Hier wird Lehrautorität also im Sinne eines institutionsinhärenten Modus beansprucht.

Schwieriger ist die Situation zu argumentieren, wenn (auch innerhalb des hier geschilderten Rahmens) „Störungen" im Lehrgeschehen auftreten. Dabei wird das Gros der Studierenden grundsätzlich als willig angesehen, das erfüllen kann, was von ihnen verlangt wird, um sich (zumindest in Hinblick auf die Prüfung) der präsentierten Argumentationszusammenhänge zu bemächtigen. Immer wieder wird aber auch geschildert, dass die Bereitschaft, sich um ein Verständnis der Zusammenhänge zu bemühen, die ein angestrengtes Zuhören oder konzentrierte Aufmerksamkeit erfordern, zu den unterschiedlichsten Formen von Behinderungen führen, die die Autorität der Lehrenden in Frage stellen.

> *Also das ist manchmal schon wirklich ein Problem, diese Infantilisierung oder dieses Konsumdenken, wo die nur mehr das wollen, was vollkommen anstrengungslos ist. Und da gibt es also auch in den kleineren Veranstaltungen so Menschen, denen ich von einem Studium abrate, weil sie sich noch wie Schüler benehmen. Da habe ich also schon oft die Krise; auch wenn ich sehe, wie etliche Kollegen sie hier noch in ihrer Unreife unterstützen und alles nachtragen. (I 6, Z. 114-117)*

Besonders dann, wenn die fachliche Autorität nicht ausreicht, wenn das Fach oder deren Inhalte die Studierenden kaum bis gar nicht interessieren, werden die personalen Kompetenzen der Lehrenden stark gefragt.

> *Das ist z. B. so in der großen Vorlesung (…), wo die Studenten meistens eben keinen gesellschaftlichen oder persönlichen Bezug dazu haben. Da bin ich schon manchmal nahe an der Verzweiflung, zumindest am Anfang war das oft so, aber heute, wenn ich ehrlich bin auch noch manchmal, weil ich möchte das nicht so machen wie manche Kollegen, die selbst nicht mehr glauben, dass ihre Vorstellungen von Wissenschaft auf der Uni greifen können und deshalb so zynisch gegenüber den Studenten werden. Oder diese Kleinkariertheit. Diese beharren auf dem I-Tüpfelchen, das viele für Wissenschaft halten (I 1, Z. 121-128)*

Die Universität, die sich hier präsentiert, ist voll von Vorurteilen, versteckten oder offenen Zuschreibungen, die dem Aufbau einer professionellen Lehrendenrolle eher abträglich sind. Viele Lehrenden erschließen sich ihre eigenen Rollen in der Lehre deshalb nur sehr widersprüchlich. Einerseits wollen sie den unmittelbaren und fruchtbringenden Kontakt mit Studierenden, andererseits sehen sie vielfach genau dann ihre Funktion als ExpertInnen schwinden. Augenscheinlich wird dies am Gebrauch verschiedener Anredeformen. Vor allem für junge Lehrende ist es in ihrer Identitätsfindung als AssistentInnen nicht leicht, sich für eine adäquate Anredeform zu entscheiden. Für das Du spricht hier meist eine altersmäßige Ähnlichkeit oder eine Veranstaltungsform, die eine intensive gemeinsame Lernerfahrung beinhaltet (z. B. Laborübungen oder Exkursionen). Hier sehen sie eine oft stimmige und auch zielführende Gleichheit gegeben, die aber dann oft nicht durchgehalten werden kann, wenn es um die Begründung und Durchsetzung von Benotungen geht. Sie sehen sich zu Beginn ihrer Lehrkarriere noch nicht mit so viel „natürlicher Autorität" ausgestattet, dass sie hier in der Lage wären, die für das Notengeben nötige Distanz zugeschrieben zu bekommen. Gerade diese gegenseitigen Zuschreibungs- und Abarbeitungsprozesse zwischen eingeforderter und zugesprochener Autorität werden im alltäglichen Agieren sehr oft verschleiert, aber deshalb als nicht weniger belastend erlebt. Das hier angesprochene Nähe-Distanz- bzw. Beziehungs- und Bewertungsproblem bleibt an vielen Stellen der eigenen Biographie ungelöst und unbefriedigend. Vielfach wird z. B. vor und nach Lehrveranstaltungen amikal mit den Studierenden gesprochen, aber kaum ist die Lehrendenrolle in der Lehrveranstaltung zu erfüllen, sind die Formen der Begegnung oft schematisch und nicht mehr hinterfragbar. So wird auf beiden Seiten (der der Lehrenden und der der Studierenden) die Lehre als ein prinzipiell zwanghaftes Element verstanden, das mittels der gängigen gegenseitigen Zuschreibungen absolviert wird.

> *Ich kann mich genau erinnern, wie ich das erste Mal also über einen Hörsaal so drübergefahren bin, dass sie also anfangen jetzt mitzudenken, dass sie das mit der Einstellung nicht schaffen und so alles halt. Es hat zwar nichts bewirkt, aber mir ist es nachher besser gegangen, zumindest bis ich draufgekommen bin, das das so ist, wie wenn du merkst, dass du wie dein eigener Vater geworden bist. Aber da bist du also schon hilflos. (…) Ich habe mir dann schon einen härteren Panzer zugelegt. (I 8, Z. 102-106)*

In dieser Gespaltenheit der eigenen Rolle und deren Konsequenz des „härteren Panzers" drücken sich Zerrformen eines universitären Autoritäts-Diskurses aus. Auf der einen Seite sind vor allem die heutigen jungen Lehrenden in den Gesellschaftswissenschaften weit von einer kruden Autoritätsforderung entfernt, auf der anderen Seite erleben sie aber in der Rolle der Lehrenden immer wieder Anforderungen, die ihre Kompetenz in Frage stellen, und die sie mittels „traditioneller" autoritärer Stile zu lösen versuchen.

> *Ich habe damals zu Beginn eine Lehrveranstaltung zu Methoden von meinem Chef übernommen und ich habe die also auch selbst dort gemacht gehabt, und da hat also kaum jemand etwas gefragt bei ihm, alle waren immer dabei, weil der war sehr streng und kaum hab ich das gemacht, da hat sich das also verändert. Die haben die Methoden angezweifelt und die ganzen Zugänge und überhaupt alles. Da hab ich mir schon gedacht, hoppla, das ist so nicht zu machen, da hab ich wohl zu wenig Druck aufgebaut. (I 13, Z. 99-103)*

Hierzu kommt auch noch, dass Wissenschaftshandeln an der Universität in einem hierarchischen Strukturgefüge beheimatet ist, wo das Ideal der Wissenschaftspraxis, das um den gleichberechtigten Diskurs zentriert ist, zwar prinzipiell, aber nicht faktisch gilt. Hier herrschen noch immer komplementäre, nicht-symmetrische Kommunikationsformen, die sich dann in der Lehre auf vielfältige Art und Weise reproduzieren.

> *Ich habe jetzt also schon einige Zeit gebraucht, bis ich so etwas wie Autorität in mir gespürt habe. Als junge Assistentin bist du ja in einer Zwitterposition, bist also die Dissertantin und musst warten, bis du was sagen kannst bei der Dienstbesprechung und dann in der Lehrveranstaltung bist du die, die sagst, wo es langgeht. Das läuft also alles am Anfang völlig schizophren ab. (I 9, Z 24-26)*

So bleiben die einzelnen Lösungsversuche einer passenden Verbindung zwischen Autorität und Mensch, zwischen wissenschaftlicher Rationalität und erlebbarer Subjektivität im Bildungsprozess großteils auf einer zufälligen, personalisierten Ebene und werden dadurch meist wenig reflektiert. Auch das kann (wenn auch eher spöttisch gemeint) als „akademische Freiheit" bezeichnet werden, weil hier wenig reglementiert ist. Gerade aber diese Formen der „Freiheit der Lehre" regen nur wenige HochschullehrerInnen zu einer didaktischen Weiterentwicklung ihrer universitären Rolle an. Die Wege, die hier beschritten werden können, um der wissenschaftlichen Verantwortung auch eine Lehrverantwortung an die Seite zu stellen, um dadurch „Autorität" zu werden, sind dabei vielfältig und nicht immer nur von der Person abhängig. Vor allem die Studienordnungen und deren curriculare Logiken werden von den Befragten als stark wirkende Instrumente der Regulierung ihrer Aktivitäten wahrgenommen und verkürzen dadurch die Bestrebungen, Lehrerfahrungen und didaktische Interessen mit subjektiven Entfaltungsmöglichkeiten (wiederum für Lehrende und Studierende) zu verbinden. Dadurch werden der Umgang mit Wissenschaft zur Absolvierung und viele didaktische Bemühungen zur Aufforderung nach produktivitätssteigernden Betriebsamkeiten. Freilich sind die hier beabsichtigten Einstellungen und die dahinter liegenden Motive nicht auf die Universität allein beschränkt, sondern bereits ausgiebig in den Schulen oder den Massenmedien erlernt. Aus den Schilderungen der befragten universitär Lehrenden zeigt sich aber auch, dass die tatsächlichen Bemühungen für ein (in den Universitäten immer gepriesenes) kritisches Denken durch die Rahmenbedingungen der Massenstudienfächer kaum gefördert werden können. Zu selten können hier angemessene Lernmilieus geschaffen werden, die den unterschiedlichen Spielarten einer immer wieder den Studiereden zugeschriebenen „Unlust am Denken" auch tatsächlich entgegenwirken können.

Das bringt mich schon immer wieder kurz in Atemnot.
Da sagen wir also groß, dass Wissenschaft darin besteht,
dass wir etwas in Frage stellen, und dann sitz ich mit
200, 300 Leuten in der Vorlesung und dann fragt einer

kritisch was und wenn ich mit dem dann zu diskutieren
anfang', dann also Gute Nacht, da kann ich den Stoff
gleich fahren lassen, und da bin ich halt dann Autorität
im schlechten Sinn. (I 17, Z. 107-110)

Gerade Lehrende, die um die Nicht-Linearität von Bildungsprozessen Bescheid wissen, werden demgemäß durch die Studienbedingungen und deren inhärente Ordnungsrufe mehrfach fundamental in ihren Kommunikations- und Förderungsbemühungen vor schwer zu lösende Aufgaben gestellt. Die immer wieder in die Diskussion eingebrachten Elemente des „forschenden Lernens", denen große Auswirkungen auf eine gute wissenschaftlich methodische Vorbereitung, z. B. der angehenden LehrerInnen, zugesagt wird (vgl. u. a. Alheit 2006), können in ihrem Elementen eines entdeckendes Lernen nicht zur Geltung gebracht werden. Dort, wo es nicht um Einübung von fertigen Problemlösungen geht, sondern um die eigenständige Aneignung der Formen des Problemlösens, bedarf es der konkreten persönlichen und stoffbezogenen Begegnung.

So wie ich das bis jetzt mitbekommen habe, ist das schon
gefordert, ist aber im Rahmen meines Seminars eher kaum
möglich. Das ist schon so angelegt, dass sich die Studie-
renden nach der Beschäftigung mit den theoretischen
Grundlagen im Seminar der Suche nach eigenen Prob-
lem- bzw. Fragestellungen widmen können, dass das aber
oft für den Großteil nur so Alibiaktionen sind. Ich meine
das jetzt sehr kritisch, auch für uns Lehrende, denn die
meisten sind ja doch eher gewöhnt, dass sie vortragen und
die Welt erklären. (I 4, Z. 91-95)

Vor allem dann, wenn es um Prozesse des ungeschützten und lebensweltnahen Aufbaus von Kompetenzen und Wissensstrukturen geht, in denen erst tatsächlich so etwas wie wissenschaftliche Autorität (jenseits der „Vielwisserei") gespürt werden kann, treffen Lehrende auf ihre eigenen Defizite und auch auf Haltungen von Studierenden, die vor allem an der „Inszenierung des Scheins" orientiert sind. Ein solches taktisches Verhältnis zum Studium ist dabei kein neuartiges Phänomen und ist grundsätzlicher Bestandteil vieler organisierter Lernprozesse. Was hier aber moniert wird ist, dass (wiederum für Lehrende und Studierende) fehlendes didaktisches Wissen zu Unsicherheiten in den selbstorganisierten Lernprozessen führen kann. Dabei beziehen sich die Aussagen vor allem auf die Elemente der allgemeinen Didaktik, also wie Lehr- und Lern-Situation prinzipiell gestaltet und abgesichert werden können, aber auch auf die Professions- oder Fachdidaktik, die sich um die Möglichkeiten der professionellen forschungsdidaktischen Aspekte fallbezogener Lehrmethoden dreht. Der Erwartungshorizont an sich selbst und an die Studierenden über die eine Lehr-Person in der Regel verfügt, endet meist im Wunsch nach sachlich richtig präsentierten Wissenselementen. Die Anforderungen an eine Lehr-Autorität werden dabei von den Grenzen zwischen den expliziten und impliziten Vor- oder Hintergrundannahmen, wie das Fach sich darstellen soll und was die Studierenden können müssen, markiert. Daher bleibt die Entwicklung von Lehrkompetenz immer wieder sehr eng an die Rolle der WissenschafterIn gebunden.

Neben diesem Umstand der Zuschreibung von Autorität und Kompetenz durch das Wissenschaftssystem, beklagen Lehrende auch ihre (vorne schon angesprochene) intensivierte Abarbeitung des „heimlichen Lehrplans" in den Massenstudien. Hier geht es vor allem darum, dass Lehrende schon weit vor Beginn der konkreten Lehrveranstaltung darum bemüht sein müssen, disziplinierende Aktivitäten zu setzen. Dabei geht es einmal um Studierende, die z. B. aus Platzmangel nicht in ein Seminar aufgenommen werden können, oder um Personen, die, aus welchen Gründen auch immer, den Regelstudienpfad verlassen haben und die nun wieder in das stringente Kursprogramm einsteigen wollen, nur auf Grundlage der Aufnahmekriterien zu behandeln sind. Hier fühlen sich

Lehrende vom „System" innerhalb der curricularen Vorgaben oft alleine gelassen, wobei viele Studienpläne ein sehr enges und derart elaboriertes Voraussetzungssystem zur Anmeldung für weiterführende Kurse entwickelt haben, dass schon nach einer negativen Prüfung beachtliche Studienzeitverzögerungen eintreten. Dies hat auch Auswirkungen auf die Rolle und die Wahrnehmung der Lehrenden.

> *Das heißt also für die Studierenden, bevor sie mich als Lehrenden überhaupt wahrnehmen, dass sie was mitbringen, wie sie an der Universität überleben wollen. Und sie merken halt auch, wie die ganze Maschinerie über sie drüberfährt. Schlimmstenfalls werden sie dann aufsässig, oder viele auch einfach still und duckmäuserisch oder eben so mit Ellbogenmentalität, wo es diese Durchwurstelmentalität gibt, wie man durchkommt und allem ausweicht, Scheine billig kriegt. Das ist für mich als Lehrender aber eh nur dann ein Problem, wenn ich es sehen will. Sonst kann ich auf meinem hohen Ross sitzen bleiben und es geschieht nichts. (...) Ob das gut ich, lass ich jetzt einmal dahingestellt. (I 17, Z. 112-116)*

Der Aufbau von Lehrautorität ist demnach also auch als eine Inszenierung im universitären Machtspiel zu verstehen. Dabei werden didaktische Bestrebungen von den Befragten zwar als prinzipiell wichtige Entwicklungsschritte genannt, besitzen im Umfeld der „tatsächlichen" Bedingungen aber eine eher marginale Rolle. Als leitende Referenzrahmen sind diesbezüglich folgende Punkte zu betrachten:

- Am Wichtigsten ist dabei der Rückgriff auf die eigenen wissenschaftlichen Leistungen, auf die Fachdisziplin und die hier eigelagerten Wissens- und Kommunikationsstrukturen. In diesem Feld wird der akademische Habitus abgesichert und im Hörsaal als konkretes Kapital eingesetzt. Hier begreifen sich die Befragten als Mitglieder ihres Arbeitsbereiches und auch der Scientific Community, die im Rahmen ihrer Lehrtätigkeit spezifische Lernschritte anleiten und begleiten müssen, von deren Strukturen ihr Fortkommen abhängig ist.

- Wesentlich ist hier auch wiederum die hierarchische Absicherung der eigenen Position, auf deren Prestige und Kompetenzebene im Lehrhandeln ebenfalls zurückgegriffen wird. Dabei spielen die institutionellen Qualifikationsschritte (Doktorat, Habilitation) eine große Rolle, wenngleich auch sonstige wissenschaftliche Meriten positive Effekte für die Zuschreibungsprozesse von Lehrleistungen aufweisen.

- Im konkret didaktisch-pädagogischen Bereich wird die Lehrautorität den persönlichen Einstellungen und „Menschenbildern" zugeschrieben, aus deren Sichtweise die sozialen und emotionalen Brücken zu den Studierenden gespeist werden. Dabei geht es um die grundsätzlichen Beziehungsmuster zu studentischen Lebens- und Lernwelten, aber auch um die Etablierung von Unterstützungsfeldern jenseits rein wissenschaftlicher Bezüge. Sind die wissenschaftlichen Entwicklungsschritte meist klar definiert, so ist dieses Verhältnis im Aufbau von didaktisch-pädagogischer Autorität in der Regel diffus und wird auch als weniger wichtig gesehen. Zwar können diese Elemente helfen, die anfallenden Probleme zu lösen, diese werden aber auch dort wiederum relativiert, wo die studientechnischen Bedingungen der Massenuniversität Routinen und Einstellungen erzeugen, die, aus Sicht der Befragten, weder durch einen stringenten Wissenschaftsbezug noch durch didaktische Elemente erfolgreich gemanagt werden können. In diesem Sinne wird der Aufbau von Lehrautorität zwar als unumgänglich gesehen, er muss aber zu oft vom Wunschbild gestützt werden, dass Wissenschaft für Studierende mehr ist, als die Bewältigung von Stoffmassen.

- Gelingende Formen des Aufbaus von Lehrautorität sind aus Sicht der Befragten dadurch gekennzeichnet, dass sie eine wissenschaftsimmanente Autonomie des Denkens und ein ernsthaftes Verhältnis zu den eigenen Wissensbeständen und deren Weiterentwicklung voraussetzen. Wissenschaftliche Bildung im System der Universität wird in diesem Sinne im Bereich der Lehre vor allem daran orientiert, dass sie das Interpretieren von Vorgegebenem (Texten, Situationen, Ergebnissen etc.) positiv beeinflusst. Die Erarbeitung von neuen Perspektiven, nachhaltigem Lernen in einem Lebenszusammenhang kann dort gelingen, wo wissenschaftsbasiertes Lehren über die Präsentation und Analyse von Daten hinaus geht. Lehrende fühlen sich allgemein durchaus dafür verantwortlich, dass der „Stoff" bei den Studierenden subjektiv bedeutsames Denken auslöst, damit ein Studium als Aneignung von Welt in einem konkreten, genauen Sinn fungieren kann. Sie sehen sich als Wissenschaftslehrende durchaus als Personen mit besonderen Gestaltungsbefugnissen in der Vermittlung normativer Konstrukte, sind aber innerhalb der konkreten Bedingungen der Massenuniversität und auch aufgrund fehlender eigener expansiver Lernerfahrungen meist nicht in der Lage, die Erarbeitung von Interpretationsfolien auf wissenschaftlicher Basis als Herstellung oder auch Wiedererlangung von Wahlmöglichkeiten und Handlungsspielräumen für Studierende erlebbar zu machen. Auch im Aufbau des eigenen Lehrhabitus gibt es diesbezüglich zu wenig eigenes Anschauungs- und Gestaltungsmaterial, um die großen Systeme der Wissenschaft mit den vielen kleinen Geschichten wissenschaftlichen Arbeitens, die, eingebettet in immer schon wirkende große (Wissenschafts-, Universitäts- oder Geschlechter-) Erzählungen sind, begreifbar zu machen. Hier könnte eine verstärkte hochschul- und wissenschaftsdidaktische Aus- und Weiterbildung viel dazu beitragen, die Idee des „forschenden Lernens" auch auf die eigene Wissenschaftssozialisation zu übertragen, um dadurch eine fordernde Lehr-Autorität derart sichtbar zu machen, die sich durch ernsthafte Arbeit, durch Neugier, konkrete Beobachtung und Praxis auszeichnet.

2.7 Lehr- und Prüfungsorganisation

Lehrende fühlen sich zu Beginn ihrer universitären Karriere in ihren organisatorischen Lehrbezügen meist sehr abhängig von den organisatorischen Strukturen (hier vor allem von den Sekretariaten) an ihren Einheiten. Vor allem am Anfang ihrer Karriere sind sie mit den hier wirkenden Kräften und Aushandlungsformen kaum vertraut. Allgemein sind die hier für sie zugänglichen sozialen Räume wiederum meist hierarchisch strukturiert, was bedeutet, dass sie ihr Standing im Umgang mit den hier zu Verfügung stehenden Mitteln und Hilfen wiederum über ihren Wissenschaftsstatus (und die damit verbundene Stellung in der Organisation) erwerben.

> *Was jetzt die Organisation betrifft, so sagt dir auch kaum einer was. Ich kann mich noch erinnern, wie ich ins Sekretariat gegangen bin, um eine Kreide betteln, und wie mir da ein Schlüssel ausgehändigt worden ist, so quasi, jetzt geh aber gleich wieder. Da fühlt man sich schon als Störer. (I 16, Z. 102-104)*

Dabei gibt es aber auch noch einen arbeitsplatzspezifischen zweiten Weg, des Aufbaus von sozialem Kapital im System, der quasi den kurzen Weg zu den Sekretariaten und anderen Unterstützungsquellen ermöglicht. Kleine Geschenke oder gemeinsame Kaffee- oder Rauchpausen sind (wenn dies nicht von den Vorgesetzten ohnehin forciert wird) eine übliche Form der Integration in das anfangs noch anonyme Institutsgeschehen.

> *Ich habe das gesehen, beim Absagen von Lehrveranstaltungen, wenn ich krank war oder beim Verschieben, also wenn du da keinen guten Draht zur Sekretärin hast, dann kommst dir vor wie der letzte Dreck. Deswegen ist*

es enorm wichtig, hier einen guten Kontakt zu haben (I 2,
Z. 44-46)

Besonders im Umgang mit Studierenden werden allfällige soziale
„Schieflagen" in der Rolle der Lehrenden an den Instituten als belastend
erlebt.

> *Manchmal war das am Anfang vor allem schon recht ei-*
> *genartig, wenn die Studierenden etwas gebraucht haben,*
> *Flip-Chart-Papier oder so und die haben dann im Sekreta-*
> *riat gefragt und die Sekretärin hat dann so abschätzig ge-*
> *fragt, für wen sie das brauchen, oder wenn ich mit den*
> *Studierenden selbst im Sekretariat war und als arme As-*
> *sistentin warst du dann schon eher so zweite Klasse, und*
> *das kriegen die Studierenden schon mit. Ich hab mir dann*
> *angewöhnt, alles selbst mitzunehmen von zu Hause. (I 1,*
> *Z. 28-31)*

Grundsätzlich sind die Möglichkeiten und Grenzen der Lehrenden in
ihren Anfangsjahren auch im organisatorischen Bereich von ihrer hierarchischen Stellung im Institutsgefüge geprägt. Der Zugang zu Ressourcen
hängt dabei stark vom allgemeinen Klima an der unmittelbaren Arbeitsstelle zusammen. Noch diffuser wird von Lehrenden ihre Rollenentwicklung im Bereich des Prüfens und Notengebens wahrgenommen. Sind die
Inhalte und Bezugspunkte der Lehrveranstaltungen noch durch den
fachlichen Bezug strukturiert, so ist der Rollenwechsel vom Lehrenden
zum Prüfenden oft sehr aufwändig zu gestalten. Gerade die hier auftretenden Problembereiche der Gestaltung von Nähe und Distanz sind es,
die die widersprüchlichen Anforderungen in der Hochschullehre spie-
geln. Die dabei auftretenden unklaren Situationen sind dadurch gekennzeichnet, dass hier „Lösungen" generiert werden müssen, die weder von

der Lehrenden- noch mit der WissenschafterInnenrolle abgedeckt werden.

> *Meine ersten Prüfungen waren also schon so eine unklare Sache. Ich habe weder wirklich gewusst, was die Rechte der Studierenden hier sind, was ich tun kann oder wie man eigentlich wirklich Noten gibt. (I 22, Z. 102-104)*

Diese organisatorische Ebene, die für viele jenseits der didaktischen Bemühungen liegt, spielt aber keine unmaßgebliche Rolle in der Herausbildung universitätsspezifischer Lehrkontexte. Wie schwer ist es doch für viele Neueintretende oder Externe zu spüren, dass sie als Lehrende in dieser Institution willkommen sind, dass ihre Arbeit wertgeschätzt wird und dass eigene Ansprüche an die Lehre auch vom „System" unterstützt werden. Besonders jene Personengruppe, die noch über wenig universitäres Kapital verfügt, bekommt dabei oft die gegenteilige Botschaft, dass didaktische Bemühungen zwar durchaus löblich sind, dass es aber vor allem darum geht, die Abläufe der Institution nicht zu stören, die Verwaltungsakte zügig voranzutreiben und der „Geschichte" der Studierenden nicht zu sehr zu trauen, da diese vor allem einen Rechtfertigungscharakter zur Begründung einer Minderleistung besitzen. So wichtig es auch ist, eine Position zum Umgang mit Studierenden zu beziehen, so sollte hier dennoch nicht vergessen werden, dass auch diese scheinbar neutrale Ebene der Lehr- und Prüfungsorganisation eine bedeutende Kontextvariable im hochschuldidaktischen Geschehen einnimmt, die ebenfalls von Wertschätzung, Respekt und klaren Kommunikationsstrukturen gekennzeichnet sein sollte.

3. Strukturelle Ambivalenzen im Lehralltag

*Ein Erfolg in der Lehre produziert mehr
Arbeitslast, mehr Teilnehmer, mehr
Hausarbeiten, mehr Klausuren, mehr
Diplomarbeiten und mehr Doktoranden
ohne eine Steigerung der Ressourcen zur
Bearbeitung der gesteigerten Anforde-
rungen.*

(Wagner 2003, S. 28)

Die Grundintentionen der Hochschuldidaktik müssen darin liegen, das
Feld der universitären Bildungsarbeit (im Unterschied z. B. zu schuli-
schem Lernen oder in der Erwachsenenbildung) interpretierbar und ge-
staltbar zu machen, um einerseits die vielen AnfängerInnen beispielhaft
auf ihre Arbeit vorzubereiten, aber um andererseits jene Formen der Weiterentwicklung eines sich schon gebildeten spezifischen Lehrhabitus
erreichen zu können, die der Dynamik und Innovationskraft dieser Wissenschaftsinstitution entsprechen. Dazu gehört auch die systematische
Diskussion der Bedingungen, unter denen universitäre Lehre stattfindet.
Im Vordergrund dieser Aktivitäten steht dabei zuallererst ein wissenschaftlicher Blickwinkel. Das Feld der Universität wird in erster Linie in
seiner wissensgenerierenden Funktion wahrgenommen. Hier entsteht
Expertise, die wegen ihrer Grundlagenbezogenheit oder ihrer methodischen Experimentierfreude dazu beiträgt, gesellschaftlichen Zusammen-
halt und Fortschritt zu sichern. Dabei sollte aber nicht übersehen werden,
dass wissenschaftliche Erkenntnisse in der Universität an ein Gesamt-
konzept von Forschung und Ausbildung, Wissenschaft und Bildung ge-

koppelt sind, weshalb es unumgänglich ist, die Verknüpfung der wissenschaftsimmanenten Ziele der Universität mit denen der Lehre nicht zu vernachlässigen.

Der Ausbau hochschuldidaktischer Bemühungen wird aus Sicht der Befragten einmal auf einer soliden Grundlage einer Basiskompetenz aus gesehen. Hier liegen die Wünsche und Bedürfnisse allerdings sehr weit auseinander und reichen von kleinen didaktischen Handreichungen bis hin zu spezifischen, länger angelegten Ausbildungsschritten. Daneben gibt es aber für beinahe alle den Wunsch nach situativen, praxisbegleitenden Ansätzen. Hier werden unterstützende Formate gefordert, die aus konkreten Handlungssituationen entstehen und die zeitnah Fachwissen als Deutungshilfen in eine reflektiertere Praxis zur Verfügung stellen können. Dabei sollte eine gute Balance zwischen reflexions- und tätigkeitszentrierten Aktivitäten erreicht werden.

Das Verhältnis der Befragten zur Hochschuldidaktik ist in den Grundzügen durchaus bejahend, wenngleich vielerorts eben immer wieder darauf hingewiesen wird, dass hier viele Elemente eine Rolle spielen, die nicht unmittelbar erlernbar seien. So werden die Bereiche der Didaktik und Methodik (als die Lehre von den Vermittlungsformen, als Möglichkeiten der effektiven Wissensvermittlung und der gelungenen ausdrucksvollen Darbietung) durchaus geschätzt. Dort wo es aber in der Universität um die Freiheit der Lehre, um die Entwicklung eines wissenschaftlichen Diskurses geht, werden hochschuldidaktische Bemühungen oft als Bevormundung oder Abwertung zurückgewiesen. Wird zwar zugestanden, dass auch in Lehr-Lern-Arrangements Persönlichkeitsentwicklung stattfindet, so werden die pädagogischen Parameter zur Erfüllung dieser Aufgaben (wie Lerngegenstände, Lehr- und Lernziele, Sozialformen und Arbeitsverfahren und deren vielfältige Wechselbeziehungen) stets dem Anspruch einer wissenschaftstheoretischen und disziplinspezifischen Sichtweise unterworfen gesehen. Nur dadurch wäre aus dieser Sicht der kognitive und bildnerische Raum der Universität von den übrigen Bildungsinstitutionen unterschieden. Unter dem Deckmantel der Hochschuldidaktik wird deshalb ein Pädagogisierungsparadigma vermutet, das die Einzigartigkeit des universitären Schaffens in Frage stellt.

> *Das ist ja gerade das Interessante universitärer Lehre, dass hier also die Forschung unserer Arbeit zugrunde-liegt. Da muss meiner Meinung nach auch noch so ein Funken in der Lehre davon sichtbar sein, was Wissenschaft ist, sonst sind wir ohnehin nur eine bessere Schule. (I 20, Z. 98-100)*

Die Befürchtung einer Abwertung vom Status der WissenschafterInnen oder der ExpertInnen hin zum LehrerInnen-Dasein ist dabei vielfach vorhanden, weshalb die Didaktik für diese Gruppe stets nur als Werkzeug angenommen werden kann, die nicht bedeutsam für die Organisationsform von Wissenschaft ist. Didaktische Konzepte müssen, wenn sie einen größeren Stellenwert an der Universität spielen wollen, mit wissenschaftsimmanenten Organisations- und Karriereformen gekoppelt werden. Hier wird die Bezogenheit von Lehre und Forschung durch eine dem Forschungsprozess implizite Rationalität bestimmt, weshalb jede Form der Didaktik sich diesem Verhältnis unterzuordnen hat. Interessant dabei ist die Feststellung, dass es eben die erfolgreichen und beglückenden, quasi prototypischen Momente einer forschungsgeleiteten Lehre sind, die hierbei beschrieben werden. Dass diese Zusammenschau glücken kann, steht außer Zweifel, jedoch werden über deren Bedingungen und deren prinzipielle Möglichkeiten nichts gesagt. Damit die im Wissenschaftsprozess vorfindbare Struktur und Rationalität auch über diese Übereinstimmungsmomente hinaus Aussagen machen könnte, muss didaktisches Wissen darüber generiert, erprobt und weitergegeben werden. Genau an dieser Stelle hat Hochschuldidaktik ihren Platz, indem Wissen über die Organisation, die Aufgaben- und Unterstützungsstrukturen der konkreten Lehre reflexiv erarbeitet werden. Ein weiterer Einwand gegen die Forcierung der Hochschuldidaktik und die zunehmende

Pädagogisierung der Universität kommt seitens der Kritik an den derzeitigen Rahmenbedingungen.

> *Das ist also nicht zu verleugnen, dass die Hochschuldidaktik so im Sinne der Gouvernementalität agiert, dass wir also alle effizienter unterrichten müssen, dann ist die Welt wieder in Ordnung. Großgruppentrainings und so Dinge, damit wir die Leute bei Laune halten, wenn die Hörsäle übergehen. (...) und dann noch der ganze PodCast-Quatsch, so Lehre auf Handyniveau. (I 16, Z. 121-124)*

Hochschuldidaktischen Bestrebungen wird hier u. a. unterstellt, dass sie die Diskussion um die prekäre Lage der Universität in den Betreuungsverhältnissen mit ihrer Didaktiklastigkeit affirmativ zurechtbiegen. In Anbetracht der tatsächlichen bildungspolitischen Lage muss ein solcher Verwaltungsversuch der Misere hinterfragt werden, schiebt er doch die Last der Aufgaben an die Lehrenden ab. Damit würden sich die Spannungsverhältnisse eindeutig zu Lasten der Lehrenden verschieben. Diese Argumentation hat unbestritten Berechtigung und es muss sichergestellt werden, dass sie in einen weiteren Rahmen gestellt werden kann, der nicht allein an der Bewältigung der Symptome orientiert ist. *Es gibt zwei Proben darauf, ob die Hochschuldidaktik dabei die ihr oben zugeschriebene, prinzipielle Aufgabe wahrnimmt. Die eine ist die, ob sie die Diskussion darüber, was gute Lehre heißen soll (...) offen hält und offen zu halten vermag und in ihren Veranstaltungen und mit allen Beteiligten intensiv führt; die andere, ob sie sich von den Beschränkungen der staatlichen Lehr- und Studienreformpolitik gefangennehmen lassen wird oder auch künftig zur inhaltlichen Weiterentwicklung und Ergänzung des Studiums anregt und beiträgt sowie insbesondere um komplexe Lernsituationen der „Vermittlung", des forschenden und auch des fachüberschreitenden Lernens sich bemüht* (Huber 1999, S. 41).

Dass hochschuldidaktische Bestrebungen vielfach als „nützliche" Mittel und Wege der Mangelbewirtschaftung angesehen werden (siehe dazu exemplarisch Liessmann 1996), sind nicht zu verkennen. Es bleibt aber vor allem in der derzeitigen Situation die Anforderung bestehen, die Bedingungen und die Ziele der Hochschuldidaktik an bildungspolitische Paramater zu knüpfen. Für die befragten Lehrenden wird in diesem Zusammenhang kaum bis gar kein Zusammenhang mit diesen gesamtgesellschaftlichen Bemühungen verknüpft. Im Gegenteil. Wenn es um didaktische Bemühungen in der Universität geht, stehen Optimierungsversuche eines aus den Nähten platzenden Systems für sie im Vordergrund.

> *Das brauche ich nur an den Themen aufzählen, die ich mir gemerkt habe: Prüfungsstress abbauen, Online-Prüfungen, Rhetorik, keine Angst vor Großgruppen und so weiter. Das ist alles auf Effizienz gerichtet. (I 2, Z. 108-110)*

Vor diesem Hintergrund ist auch zu reflektieren, ob die Wahrnehmung der Hochschuldidaktik nicht in einem Dilemma steckt. Für diejenigen, die die Motive der Wissenschaft in der Lehre wiederfinden wollen, ist didaktische Fortbildung nur ein Umweg, um zur Rationalität der Forschung zu gelangen. Sie würde sich Lehrbereiche wünschen, die unmittelbar an das eigene Forschungshandeln anschließen, damit sichtbar wird, was Wissenschaft auszeichnet. Für eine andere Gruppe wird Hochschuldidaktik dort sichtbar, wo es vor allem um ein Verbergen von prekären Situationen geht. Hier wird Hochschuldidaktik nicht gesellschaftlich genug verortet, um tatsächlich zur Lösung von gesamtuniversitären Problemen beizutragen. Die Kritik richtet sich dabei vor allem an die Missachtung der eigenen institutionellen Vorgaben, innerhalb derer die Universität als symbolischer und sozialer Ort der Wissensgenerierung

und -vermittlung zu keiner gesellschaftspolitischen Positionierung beitragen kann.

Auch wenn diese beiden Positionen inhaltlich gut ausformuliert sind, so
werden vom Gros der Befragten hochschuldidaktische Bemühungen in
ihren Grundzügen aber dennoch (wie oben erwähnt) gut aufgenommen.
Hier stehen Sichtweisen dahinter, dass dadurch das Bemühen um eine
Erhöhung der Qualität von Lehr- und Vermittlungsarbeit im universitären Milieu tatsächlich auch etwas zur Verbesserung der studentischen
und lehrenden Lebenswelten beigetragen werden kann. Damit in Zusammenhang steht auch jener von einer Kollegin erwähnte Zusammenhang zwischen den spezifischen Sozialisationsprozessen in den Arbeits-
stellen und den dabei unhinterfragt wirkenden Reproduktionsprozessen
der dominierenden Wissenschafts- und Lehrkultur. Hochschuldidaktik
könnte hier jene „subkutan" aufgenommenen soziokulturellen Strukturen erfahrbar machen, die im Prozess der Entwicklung eines Lehrhabitus
eine gewichtige Rolle spielen. Auch an den Universitäten dominieren
Formen des „heimlichen Lehrplans", des vor-reflexiven Nachahmungs-
lernen, die die vorherrschende soziokulturelle Struktur stabilisieren und
regenerieren. Gerade hier hätte hochschuldidaktische Aus- und Weiterbildung eine wichtige Rolle zur Aufweichung dieses Reproduktionskreis-
laufs indem sie alternative Möglichkeiten, Wege und Ziele zu den dominierenden Formen des Habituserwerbs aufzeigen, gestalten und
durchsetzen helfen könnte. Diese Formen der methodischen Erfahrungs-
bearbeitung müssten früh beginnen, und sowohl lern- und kognitions-
psychologisch als auch wissenschaftspolitisch und gendersensibel grun-
diert sein. Dadurch könnte dem wissenschaftlichen Renommee eine
lehrende Reputation zur Seite gestellt werden. Für beinahe die Hälfte der
Befragten werden Thematiken des Lehrens deshalb auch an systematische Fortbildungen gebunden, weil ein permanentes Allein-Lernen „on-
the-job" hier als nicht ausreichend angesehen wird. Dahinter steckt auch
ein erweitertes Verständnis von „Lernen am Arbeitsplatz Universität",

weil hier neben formale, organisierte Maßnahmen und Kurse auch informelle und in die Arbeitsprozessen integrierte Elemente fallen.

> *Also für mich ist es wichtig, dass wir uns feste „Zeitfenster" schaffen, wo wir jetzt inhaltlich und von mir aus auch didaktisch etwas Neues sehen. Das sind für mich eben die Kongresse, wobei die eben auch didaktischer Unsinn sind. Gut wäre auch z. B. ein Auslandssemester oder Praxisphasen, was ich persönlich schon gemacht habe. (I 18, Z. 202-204)*

Der Aufbau eines Lehrhabitus steckt in diesem Sinne in enger Verbindung mit langjährigen eigenen Lernerfahrungen im universitären Kontext als Studierende, die den Boden für die Auseinandersetzung mit eigenen Ansprüchen, Wertvorstellungen und Rollenzuschreibungen bilden. Diese grundlegenden Erfahrungen müssen in weiterer Folge mit den impliziten und expliziten Regeln des jeweiligen Arbeitsbereiches kompatibel und angemessen gemacht werden. Dabei ist es vor allem die unklare Relationierung von Wissenschafts- und Lehrhandeln, die das Denken und Reflexion über die konkreten Fähigkeiten herausfordert und das lernende Subjekt „HochschullehrerIn" zwingt, Positionierungen vorzunehmen. An diese Prozesse der Herstellung konkreter Handlungsformen werden die Lehrenden im wissenschaftlichen Bereich durch eine Anzahl von „Kontroll- und Bewährungsakten" (z. B. durch Doktorats- oder Habilitationsprogramme, Kongressteilnahmen oder Publikationsaktivitäten) zumindest formal begleitet. Anders sieht der didaktische Bereich aus, wo derartige Möglichkeiten der Relationierung zwischen Praxis- und wissenschaftlichem Wissen meist fehlen. Dabei geht es hier um die Entwicklung von Rollenmodellen, die (ähnlich wie die Darstellung der Wissenschaftsoutput) große Auswirkungen auf die Wahrnehmung von Universitäten haben.

Die Reflexion der Lehrendenrolle ist zwar ein wesentliches Element in der Entwicklung eines professionellen Lehrhabitus, aber es wäre naiv anzunehmen, dass sich die Rolle der universitären Lehre allein dadurch innovativ ändern würde, indem das konkrete Lehrhandeln reflektierter und intentionaler erfolgt (vgl. Zeichner 1990). So wichtig diese Form der individuellen Bezugnahme auch ist, stößt sie doch dort auf ihre Grenze, wo es um die institutionellen und organisationalen Kontexte für Lehrhandeln geht. Eine tatsächliche Aufwertung der Lehre im tertiären Bereich muss deshalb notwendig über die praktisch-technische Seite des Unterrichtens und die jeweiligen spezifischen Situationsanforderungen hinausgehen. Dazu bieten sich vor allem die Bereichsebenen an:

- Die lehrspezifische Ebene umfasst Wissen und Kompetenzen im Bereich der professionellen Handhabung von situations- und aufgabenadäquaten Methoden und des Kontextwissens über die eingesetzten Lehrstrategien. Hier geht es vorrangig um eine möglichst passgenaue Ziel-Mittel-Relation und deren didaktische Aufbereitung. Dazu bedarf es des methodisch-didaktischen Wissens und der Fähigkeit der Adaptierung von Lern- und Lehrräumen.
- Die biographische Entwicklungsdimension legt den Fokus auf die Möglichkeiten der Auseinandersetzung mit den eigenen Ziel- und Wertvorstellungen in Bezug auf Lehre, Unterricht und Kommunikation. Ausgehend von eigenen Lehrerfahrungen wird dabei der Blick auf die in den Lehrprozess mitgebrachten „subjektiven Gegebenheiten" geschärft. Der Zweck dieser Auseinandersetzung liegt dabei nicht in einer reflexiven Dauerschleife, sondern in ihrem Beitrag für die Erweiterung, Problematisierung und Erfüllung von Zwecken zur Erreichung von Zielen. Hier hat sich vor allem die Rolle des Lehrtagebuches als überaus wertvoll herausgestellt. Ausgehend von eigenen Wahrnehmungen zu problematisierenden Situationen oder Vorkommnisse wird dabei selbstreflexiv Wissen über die persönliche Lehrpraxis generiert. Auch Peer-Groups oder Hospitationen sind

wesentliche Elemente zur Thematisierung und Bearbeitung der biographischen Entwicklungsdimensionen.

- Die dritte Ebene betrifft die institutionellen und gesellschaftlichen Kontexte bzw. deren Auswirkungen auf das persönliche und situative Vorgehen. Dabei gilt es die Hintergrundkonstruktionen institutioneller Kontexte verstehen zu lernen und Strategien für deren Gestaltung zu erarbeiten. Es geht darum zu klären, welche Rolle im universitären Setting warum eingenommen wird und zu klären, wie subjektive Handlungspläne durch diese institutionellen, sozialen oder organisatorischen Faktoren beeinflusst werden.

3.1 Die heterogenen Lernwelten der Universität und ihre Konsequenzen für die Lehre

Die (österreichischen) Universitäten sind in ihrer Grundstruktur immer noch eindeutig auf Studierende mit einer studentischen Normalbiographie hin ausgelegt. Das bedeutet, dass die Lehrveranstaltungsstrukturen, die Studienpläne, das Lehrverhalten und auch die Stipendienbezugsbedingungen vorrangig auf jene Gruppe hin gestaltet sind, die unmittelbar nach dem Schulabschluss ihr Studium beginnen, dieses als Vollzeitstudium absolvieren und erst nach dessen Abschluss (oder Abbruch) in den Arbeitsmarkt eintreten. Diese universitätsstrukturelle Realität trifft heute aber auf Studierendenkohorten, die (wie eingangs bereits skizziert) von dieser Normvorstellung teilweise stark abweichen. Die Zahl jener Studierenden, die eine alternative Form der Hochschulberechtigung erwerben oder an anderen Stellen ihres Lebenslaufs an die Universität gelangen, ist klar im Steigen begriffen. Laut Universitätsbericht 2005 kamen 2003/04 bereits sieben Prozent der in Österreich Studierenden über eine Berufsreife- oder Studienberechtigungsprüfung an die Universität, die Zahl der Studierenden um die Lebensmitte steigt beständig (und wird in einem voll ausgebauten dreigliedrigen Studium noch weiter steigen). Die noch immer gültige Norm der Universitätswelt scheint hier an mehreren Stellen von der studentischen Lebensrealität überholt zu werden. Besonders deutlich wird dies bei den so genannten Non-Traditionals, also jenen Studierenden mit nicht klar geregelten Bildungskarrieren (im Durchschnitt sind das mittlerweile ungefähr ca. 20 Prozent der Studierenden), die sich bildungsspezifisch immer wieder neu verorten wollen (vgl. Pechar/Wroblewski 1998). Die klassische Universität erhält dadurch viele neue Impulse, sieht sich aber auch bislang ungewohnten Herausforderungen gegenüber. Dieser Ausdifferenzierung sollte auch in der Lehre entsprochen werden. Non-Traditionals, also Menschen die meist eine alternative lernspezifische und sozialstrukturelle Profilierung aufweisen (sie sind älter, stammen zu einem größeren Teil aus Arbeitermilieus und besitzen ein biographisches Erfahrungsprofil, das sich auch durch abgebrochene Bildungskarrieren, vielfältige Berufserfahrungen und durch die Einbindung in soziale und zeitliche Verpflichtungen jenseits des Studiums auszeichnet, vgl. u. a Alheit 2000), setzen sowohl im Lernverhalten als auch in ihren gesamten Bildungsprojekten verstärkt auf Lebensbezüge in ihren Lernprozessen. Da ihre Entscheidung zu einem Studium häufig aus einer Fülle von biographischen Anstößen und Probeläufen generiert wurde, rekurrieren sie auf offenere, lebensnahe und lebensbegleitende Lehr- und Lernsettings. Ihre (universitär stattfindende) Suche nach beruflichen und biographischen Anschluss- und Aufstiegsmöglichkeiten kann als wichtige Erfahrungs- und Lernquelle für die Institution Universität gesehen werden. Bestimmte Gruppen von „Älteren" werden hier in unterschiedlichen Studien immer wieder erkennbar.

> *Wenn wir schon bei den Sondergruppen sind, da sind also bei uns die Krankenschwestern, die hier durchaus gehäuft auftreten und die also jetzt schon seit 20 Jahren bei uns sind. Bei denen habe ich großteils wirklich das Gefühl, dass die was wollen, dass die also reifer sind und auch teilweise den Studierenden jetzt also sagen, wie das Leben*

ist. Andererseits sind sie aber auch angepasst genug, dass
sie sich hier nicht aufspielen. (I 1, Z. 14-17)

Abseits dieser wahrnehmbaren Klientelgruppierungen sind aber vielfach äußerst verschiedenartige Zusammensetzungen feststellbar, deren einziges Merkmal meist nur im „höheren Alter" liegt. Normalerweise wissen Lehrende kaum bis gar nichts über diese Menschen, da Heterogenität an der Universität allgemein nur auf die durch die Notenstruktur und die dahinterstehenden Leistungsmöglichkeiten bezogen wird. Ansonsten wird eben generell nur von „den Studierenden" gesprochen. Werden einerseits aber die Appelle der systematischen Bezugnahme von Lernprozessen über die gesamte Lebensspanne und andererseits z. B. die geschlechts- und migrationsspezifischen Hintergründe in Lernprozessen ernst genommen, dann bedarf es auch an der Universität der Lernumwelten, in welchen die verschiedenen Lebens- und Bildungsentwürfe wahrgenommen und spezifisch behandelt werden. Eine solche Perspektive der Diversität innerhalb lebensbegleitender Lernprozesse beinhaltet auch die Aufmerksamkeit für nicht-formales, informelles, nicht institutionalisiertes und selbstorganisiertes Lernen, für das das universitäre Lernen und Lehren noch großteils unempfänglich zu sein scheint.

Es ist schon so, dass die jetzt viel mitbringen, also aus der
Arbeitswelt und so, aber denen fehlt halt das Andere, das
Wissenschaftliche. (…) In der Regel aber geht einem das
schon auf die Nerven, wenn jemand immer damit kommt,
dass das in der Praxis so und so ist, weil ich hab da in der
Lehrveranstaltung schlicht und einfach nicht die Zeit, das
alles jetzt wieder auf diesen Fall hin zu trimmen. (I 16, Z.
68-72)

Das enge Korsett der Vorgaben in den einzelnen Lehrveranstaltungen macht es für viele Lehrende nahezu unmöglich, die hier vorhandenen Ressourcen sowohl inhaltlich als auch didaktisch einzubeziehen. Üblicherweise wird dadurch auch kein Gewinn darin gesehen.

> *Natürlich sind diese Erfahrungen wichtig, aber ich wüsste jetzt nicht, wie ich das jetzt so integrieren könnte, dass die sich was ersparen. Das wäre auch ungerecht den anderen gegenüber. (I 19, Z. 98-100)*

Vorwissen, „anderes" Wissen, nicht lehrveranstaltungskonforme Möglichkeiten der Kompetenzfeststellung haben für den Großteil der Lehrenden zwar grundsätzliche Bedeutung, da sie z. B. die Motivation in einem Themengebiet steigern oder die Anschlussfähigkeit an alltägliche Erfahrungen erleichtern. Wenn es aber darum geht, diese Elemente bezüglich der Erreichung der curricularen Vorgaben zu bewerten, dann bleibt davon meist nichts mehr übrig. Im Gegenteil, sie erschweren oft die Lehrprozesse, da hier in der Regel auf Praxis- und Ausnahmefälle Bezug genommen wird, die (vor allem in den Massenstudien) so kaum vorgesehen sind. Deshalb ziehen sich die Lehrenden auf die ihnen bekannten Messungen der Lernleistungen zurück. Die Schwierigkeiten bei der Berücksichtigung von studentischem Vorwissen korrelieren in den Interviews sehr stark mit der Studienrichtung, der Art und dem Inhalt der Lehrveranstaltung sowie mit der Anzahl der Jahre, die Lehrende schon Lehrerfahrung gesammelt haben. Haben länger im universitären System arbeitende Lehrende schon Strategien entwickelt, wie z. B. die Verbindungen ihrer jeweils spezifischen Theorie-Praxis-Felder aussehen können und dazu Beispiele zur Hand, so sehen sich junge Lehrende durch derartige Versuche oft verunsichert und setzen zu einer Verteidigung „der Wissenschaft" an. Interessant dabei ist auch, dass sich vor allem durch das Ansteigen der Studierendenzahlen und auch durch die Bologna-Struktur jene Lehrveranstaltungsformen, innerhalb derer studentisches Vor- und Lebenswissen in die Universität Eingang finden sollte (vor allem eben Seminare), immer stärker abnehmen. Die in den 70er Jahren kräftige Kritik an der Vorlesungsuniversität, deren „Kathederstatus" als strukturell angelegte Entmündigung von studentischem Wissen angesehen und daher als großteils deplatziert bezeichnet wurde, feiert heute in beinahe allen Studienrichtungen eine ungeahnte Renaissance. Diese Entwicklung ist aber vor allem den sich permanent verschlechternden Rahmenbedingungen in der Massenuniversität zuzuschreiben.

> *Also diese Massen, die wir hier jetzt haben, die lassen mich nicht so sehr nach Vorwissen fragen, sondern nur, wie ich das jetzt organisiere, wie ich die Studentenmassen möglichst ökonomisch mit Stoff versorge. Und da musst du also auch immer tiefer anfangen, weil das wird alles also meist ohnehin nur zur Vorbereitung, also zum Grundwissen, was hier von mir verlangt wird. Das ist aber auch oft schon in den Seminaren auch so, dass es meist nur noch um Grundwissen geht. Ich weiß also jetzt aus eigener Erfahrung, dass die ohnehin immer weniger mitbringen. (I 8, Z. 69-73)*

Hierbei treffen sich bildungspolitische, organisationsspezifische und didaktische Bereiche und verstärken sich in vielen Fällen zu lähmenden und durchaus lernfeindlichen Effekten. Bildungspolitisch wird hier von den Lehrenden immer wieder moniert, dass die notwendigen finanziellen Mittel aber auch die Steuerungsmaßnahmen zur Bewältigung der strukturellen Probleme für die Universitäten fehlen. Organisationsspezifisch wird hier dabei sichtbar, dass durch die permanente Mangelverwaltung ein Klima der Frustration und Beliebigkeit innerhalb der Institution herrscht, das hinter all den Bemühungen um Qualität in der Lehre liegt. Didaktisch wird dies für manche, auch in den von Studierenden und

Lehrenden derzeit favorisierten Präsentationstechniken, die Oberflächen-
rhetoriken fördern:

> *Ich sage da nur Power-Point, wo dann die Studierenden*
> *also regelrecht verloren sind, wenn du heute keine Power-*
> *Points hast. Das ist dermaßen dominant, die wollen also*
> *alle die Folien und schon vorher und zum Ausdrucken.*
> *Und die machen es auch selber in den Seminaren, also*
> *nur mehr bunt und laut (I 8, Z. 88-91)*

Aus diesen strukturellen Bedingungen wird die Aufnahme und Bearbeitung von Vorwissen, die Herstellung einer charakteristischen Studieren-
denhaltung und eine darauf aufbauende spezifisch-didaktisch motivierte
TeilnehmerInnenorientierung vielfach unmöglich, da aus Sicht der Befragten eine „amorphe Masse" an Studierenden in Kommunikationsformen „belehrt" werden muss, die kaum (inhaltlich, soziale oder emotiona-
le) Begegnungsgmöglichkeiten (mit dem Stoff, den Organisationsstrukturen und den studentischen Lebenswelten) schaffen können. Die
Bestrebungen, lebensweltbezogenes und selbstgesteuertes Lernen zu
forcieren, werden von den Lehrenden in einem klar von ihren veranlass-
ten Rahmen aber durchaus immer wieder auszubauen versucht, bleiben
in den Massenfächern aber meist in einer Form der Überforderung, der
Pseudo-Bezogenheit oder auf kleine seminaristische Gruppen beschränkt. Vor allem in diesen Übungs- und Seminarkontexten wird in
den Studiengängen den Lehrenden und den Studierenden die Heterog-
nität der TeilnehmerInnen meist zum ersten Mal wirklich bewusst. Damit
wird aber auch sehr unterschiedlich umgegangen. Versuchen vorwiegend geisteswissenschaftliche Studienrichtungen diese Unterschiedlich-
keit (zumindest ansatzweise) als Lernquelle zu nutzen, so dominiert in
den Rechts- und Wirtschaftsfächern die Haltung, alles, was über eine ex
ante Homogenisierung von Studierenden hinausgeht, in der Regel als
nicht bearbeitbar zu begreifen. Die generellen Studienbedingungen las-

sen hier eine spezifische Haltung der „Gleichbehandlung" entstehen, die vor allem an der Stoffstruktur und am Curriculum (letztlich aber an den dahinterliegenden unhaltbaren Betreuungsrelationen) orientiert sind.

> *Ich bemühe mich also schon, alle Studierenden gleich zu behandeln, obwohl ich weiß, dass das letzten Endes gar nicht geht. Aber ich habe zumindest das Bedürfnis, dass alle, die in meine Lehrveranstaltung kommen, also erst einmal vom gleichen Punkt anfangen, egal, was sie jetzt schon können, oder so, weil das weiß ich nicht vorher. Später können sie dann durchaus ihre eigenen Erfahrungen einbringen, aber in Maßen, weil ich muss ja den Stoff also im Vordergrund sehen. (I 6, Z. 68-72).*

Schwierig ist es für die Lehrenden auch dann mit dieser Heterogenität umzugehen, wenn sprachliche oder kulturelle Hintergründe (vor allem im Bereich der ERASMUS-Studierenden) nicht thematisiert oder bearbeitet werden können. Von den Lehrenden werden die Bestrebungen der Bologna-Reformen aus der Sicht der betroffenen LehrverstaltungsleiterInnen allgemein als überaus bereichernd erlebt. So werden die Ziele, die einzelnen Studiensysteme auf dem Weg von europaweit vergleichbaren Kompetenzprofilen prinzipiell transparent und vergleichbar zu machen, als überaus wichtig angesehen. Wenn es aber um die konkreten Arbeitsschritte in der Herstellung von Lehr- und Lernsettings geht, sieht diese Praxis allerdings oft recht prekär aus und wird auch als kritisch beurteilt. Die mit Bologna und dem ECTS-System verbundene Hoffnung, dass die Internationalisierung der Studien vorangetrieben werden könnte, wird in der konkreten Lehrtätigkeit als zumindest ambivalent bewertet. Werden die Erfahrungen mit Studierenden aus dem mittel- und nordeuropäischen Universitäten durchwegs als gut beschrieben, so sind es in den Schilderungen vor allem südeuropäische Erasmus-Studierende, die durch ihre als schlecht beschriebenen Sprachkenntnisse neue Anforderungen an Lehrende mit sich bringen. Dabei wird von den Lehrenden hervorgehoben, dass es bei den Incomings besonders dort zu Mehrbelastungen kommt, wo einerseits ungenügende Sprachkenntnisse vorherrschen, andererseits gibt es aber auch dort Abstimmungsprobleme, wenn es sich um Personen handelt, die aus einem anderen hochschul- oder gesellschaftssozialisatorischen Systeme kommen.

> *Also, wenn ich da jetzt an die drei Spanierinnen denke, die ich letztes Jahr gehabt habe, dann haben die nur eine Note wegen ihrer Haarfarbe bekommen, könnte ich jetzt sagen. Ich habe keine Ahnung, was die jetzt gelernt haben. Sie haben zwar Papiere abgegeben, aber die waren in einem Englisch, das kannst du vergessen. Ich habe ihnen ein Zeugnis gegeben, wo ein Student von unserer Uni nie eines bekommen hätte. Das ist schon irgendwie eine Bologna-Schwindelei. Weil wir wollen denen ja nicht weh tun und wenn sie schon da sind, kriegen sie auch meistens ein Zeugnis. (I 18, Z. 112-115)*

Ähnlich wie in anderen Bereichen beklagen die Lehrenden, dass hier zwar ein selbstbestimmtes Studierendenbild propagiert wird, dass dafür aber vielfach die Strukturen und Bedingungen einfach nicht gegeben sind. Wird von den Lehrenden und Studierenden erwartet, dass sie kreativ und zielgerichtet ihre Arbeit bewältigen, dass forschendes Lehren und Lernen als gemeinsame und in sich differenzierte Zielfindung stattfinden muss, so wird vom Großteil der Befragten zwar ein Ansteigen der fachlichen und professionellen Anforderungen und Standards konstatiert, ohne dass aber der konkrete Rahmen dafür gegeben ist. Die heterogenen Lernwelten sind gerade in einem Massenhochschulsystem zu berücksichtigen, wollen Universitäten als Einrichtungen wahrgenommen werden, die Wissen nicht nur hervorbringen, sondern auch vermitteln, um mit den nachfolgenden Generationen in ihren Entstehungsbedingungen zu reflektieren. Aus Sicht der Lehrenden dominiert hier gegenwärtig ein Gestus der Wissensfabrik, die Produkte herstellt und „verkauft", und dessen Gradmesser einerseits die OECD-Prozentzahlen von AbsolventInnen darstellen, anderseits deren direkte Verwertbarkeit. Der in der Lehre angestrebte Wissenserwerb hat dabei selten Mündigkeit oder Handlungsfähigkeit zum Inhalt, sondern die Abarbeitung der Leistungsvereinbarungen und die Wissensbilanz. Lehrendes Forschen oder tatsächliche Neugier haben hier kaum Platz. Welche Anforderungen und Zwänge hier für die heterogenen studentischen Lebenswelten entstehen, sind vielfach untersucht (vgl. dazu u. a. Bloch 2009). Dabei zeigt sich, dass erfolgreich studieren heute vor allem heißt: nicht nach links oder rechts zu blicken, eine strategische Gestaltung sozialer Interaktion vorzunehmen, sich ein exaktes Zeitmanagement zu verpassen, Durchsetzungsfähigkeit und Verhandlungsgeschick zu entwickeln, etc. Was dies für die Lehrenden bedeutet, liegt auch auf der Hand. Sie müssen diese Aufgaben einer stromlinienförmigen Wissensaneignung unterstützen, wollen sie nicht den Hauptmotivationen der Studierenden entgegen stehen. Dazu kommt noch, dass hier das schon mehrfach erwähnte großteils uneinheitliche Rollenbewusstsein als Lehrende und die dadurch sehr unterschiedlich ausgebildeten Formen der analytisch-reflexiven Fähigkeiten. Auch die eigene mangelnde Sprachkompetenz der Lehrenden macht es schwierig, die lehrveranstaltungsrelevanten Bereiche (vor allem dann, wenn dies aus dem Stegreif stattfinden soll) erfolgversprechend zu transferieren.

3.2 Die Verschulung der Universitäten und ihre Folgen für die Lehrenden

In den Interviews wird immer wieder davon gesprochen, dass eine Tendenz der derzeitigen Universität der unleugbare Faktor der Verschulung ist. Hier werden vor allem Zusammenhänge mit der Massenuniversität aber auch mit der sogenannten Bologna-Reform hergestellt, die die Studierenden- und Lehrendenwelt dermaßen reglementiere, dass sie außerhalb der vorgeschriebenen Kontaktzeiten, Präsenzpflichten und Prüfungen kaum noch Zeit zur eigenständigen Aneignung von Inhalten und Sozialwelten haben (vgl. Haunhorst 2010). In der Lehre werden diese Entwicklungen vor allem durch den Wegfall der Wahlfreiheit, der Eigenständigkeit und Flexibilität im Denken bemerkbar.

> *Also ich kann das jetzt schon eindeutig sagen, dass das ein Rückschritt ist. Ich bin jetzt also doch schon mehr als 15 Jahre an der Universität und ich merke das auch an mir selbst, diesen Schulklassencharakter. Da geht es vor allem um Anleitung und kaum mehr um selbstorganisiertes Lernen. Auch für mich eben, weil ich bin beschäftigt, die Anwesenheitspflichten zu kontrollieren und zu disziplinieren. (I 11, Z. 132-135)*

Gerade diese Disziplinierungsaufgaben gehören immer stärker zu den Obliegenheiten der Lehrenden, wenngleich der tatsächliche Personenbezug zwischen Lehrenden und Lernenden dazu grundsätzlich fehlt. Es geht um die Erledigung einer entpersönlichten Verantwortung im Sinne von Anwesenheitslisten und Mitarbeitstabellen.

> *Ich frage also die körperliche Präsenz ab, ob jemand da ist, den ich meist eh nicht kenne, dass da eine Paraphe steht auf dem Papier, aber wenn da wer schummelt und für jemanden unterschreibt, kann ich das meist nicht wissen, weil ich kenne die Leute also kaum. (I 16, Z. 110-112)*

In den sogenannten „Kontaktzeiten" ist kaum Platz für konkrete Schritte, die den Studierenden über ihre individuellen Stärken und Schwächen

Auskunft geben. Es scheint so zu sein, dass es trotz vermehrter Präsenz-zeiten an Universitäten immer dürftigere individuelle Rückmeldungen zu den von den Studierenden erbrachten Leistungen gibt. Vor allem die hohe Kontrolldichte und die Prüfungsinflation, gepaart mit dem Ver-schwinden der Wahlfreiheiten und der Vermittlung von outputorientier-tem Abfragewissen werden hier kritisiert. Dabei wird auch die Perspek-tive der Lehrenden fundamental verändert, da sie nun vor allem an formalen Normen und deren Einhaltung orientiert sind. Wird zwar die propagierte Orientierung am „Learning-Outcome" der Studierenden an sich für sinnvoll gehalten, zeigen die tatsächlichen Effekte doch einerseits eine Vervielfachung von disziplinierenden Aufgaben für Lehrende (vor allem in Seminaren) und anderseits eine Studienplanstruktur, die in im-mer wiederkehrenden Großveranstaltungen (vor allem aus Massenvorle-sungen), Studierendenpopulationen „abarbeiten" muss. Sind hier auch die Lernziele in den einzelnen Modulen gut definiert, so reichen die da-für notwendigen Lehrkapazitäten meist kaum aus, da diese in den letzten Jahren eher gesunken sind. Es ist nicht zu leugnen, dass Vorlesungen gerade bei der Vermittlung von Grundlagenwissen an Universitäten Sinn machen, nur ist ihr studientechnischer Charakter eben auch offensicht-lich.

> So wie das bei uns war, also das Grundlagenpaket, alles
> Vorlesungen, ein paar Hundert Menschen und so geht
> das dann weiter, wo du die Leute dann füttern musst und
> dann musst du das Ganze auch noch brav korrigieren.
> Das sind dann die Aufgaben für die vorlesungsfreie Zeit.
> (I 7, Z. 38-41)

Auch die „Prüfungsinflation" und die dadurch für die Lehrenden sich vermehrenden Prüfungslasten führen in weiterer Folge dazu, dass Leh-rende Prüfungsformen wählen, die ihnen nicht didaktisch, aber arbeits-technisch durchaus als sinnvoll erscheinen.

Also ich habe da schon umgestellt auf Multiple-Choice-Klausuren. Da hast du am Anfang den Aufwand, dass du deine Fragen trennschaft bestimmst, aber dann ist das ein Selbstläufer, auch wenn ich eine Durchfallquote von 40 Prozent habe, ist mir egal, wie viele da noch kommen. (I 12, Z. 118-121)

Das ist schon ein Unding, also diese sechs Prüfungstermine im Jahr. Das sind Prüfungen ohne Ende und Anwesenheitslisten überprüfen und die Mitarbeit und all das, also das ist Kontrolle ohne Ende. Das wirkliche akademische Arbeiten geht da den Bach runter, weil ich wie ein Fahrscheinkontrollor nur doch damit beschäftigt bin, zu schauen, dass all ihre Ausweise haben. (I 17, Z. 138-142)

Auch der Aufwand für „Abwehr" von Studierenden in überbuchten Seminaren ist drastisch gestiegen, da die Studierenden nun alle einen rigiden Studienplan abarbeiten müssen. Studierende können sich in den modularisierten Studiengängen in den Pflichtfächern häufig kaum mehr etwas frei wählen. Anstelle eines großen Fachbereiches oder eines umfassenden Vertiefungsgebietes gibt es nun vorwiegend vorbestimmte Studienabläufe, die dabei noch durch Voraussetzungsketten derart verschachtelt sind, dass es durch das Fehlen einer Prüfung in der Norm-studienzeit zu großen Wartezeiten im gesamten Studienverlauf kommt.

Da versteh ich die Studierenden schon, dass die darum kämpfen, hineinzukommen, ich würde auch nicht gerne ein Jahr warten müssen, bis die Lehrveranstaltung wieder angeboten wird. Der Druck lastet dann vor allem bei den Lehrenden, die ebenfalls kämpfen müssen, dass ihr Seminar mit der vereinbarten Studentenzahl beginnen kann. (I 17, Z. 78-80)

Diese Formen der Verschulung sind Ausdruck der universitären Entwicklungen der letzten Jahre und lassen sich zusammenfassend vor allem an folgenden Stellen des beruflichen Alltags der befragten Lehrenden beobachten. Ihre Erklärungsversuche beziehen sich vor allem auf

- die Bedingungen der Massen-Universität und den hier wirkenden Regulierungsmechanismen,
- die Gestaltung der Studienstrukturen im Bologna-Modell bzw. deren administrativ-organisatorischen Auswirkungen, die eine schleichende Entwissenschaftlichung der Studien mit sich gebracht haben,
- eine fehlende adäquate Wissenschaftssozialisation der Studierenden und verstärktes schulisches Verhalten und
- eine Überlastung der Lehrenden durch vielfältige Aufgabenfelder, die die Lehre (bzw. die hier möglichen Kommunikations- und Inhaltsebenen) verstärkt schulischen Vermittlungs- und Prüfungsprozeduren angleicht.

Der hierin eingelagerte wissenschaftssozialisatorische Code, der durch charakteristische Formen der fachspezifischen normativen Metastrukturen und daraus abgeleiteten pädagogischen Rahmung (im Sinne kommunikativer Entscheidungsspielräume der Lehrenden und Lernenden in Bezug auf die Formen der Wissensgenerierung) noch charakterisiert ist, erzeugt dadurch immer stärker (sowohl bei Lehrenden als auch bei Lernenden) sogenannte Sekundärtugenden (wie Unterordnung oder Gehorsam), während Primärtugenden (wie Neugierde oder die grundsätzliche kritische Einstellung zum bereits bestehenden Wissen) kaum gefördert werden. Die soziale Organisation der Lehre wird demzufolge beinahe nur noch als hierarchische Arbeitsteilung mit oft als beliebig erlebten Detailarbeiten gesehen. Im gesamten Lehrverlauf wird zwar eine grundlegende Dynamik vom Lernen zum Forschen angelegt, diese wird aber meist dadurch erschwert (oder gar verunmöglicht), dass die Konstruktion der einzelnen Erkenntnisbausteine sowohl curricular als auch didaktisch-pädagogisch in einem Sammelsurium von „Scheinen" untergeht. Erschwert wird die Rolle der Lehrenden zur Erzeugung von Kontexten der Einsichten in das Zustandekommen von Wissen und Erkenntnis auch noch davon, dass in der sozialen Organisation der Lehrprozesse Kontroll- und Regulierungstätigkeiten unter den Bedingungen der Massenuniversität überwiegen. Dadurch können lernfreudige Zugangsweisen und Arbeitsformen, die ein tatsächliches forschendes Lehren und Lernen erst ermöglichen, innerhalb derer lose Autoritätsstrukturen und eine komplexe kommunikative Struktur (in Bezug auf Kodifikation, Kontrolle, Partizipation oder Selbstverwaltung) vorherrscht, kaum stattfinden. Vielmehr werden dadurch geschlossene inhaltliche und soziale Regelkreise dominant, die einzig auf den Nachweis eines spezialisierten Wissens abstellen und die jeglichen wissenschaftspädagogischen Auftrag dem Standardisierungsgrad des Faches und der Hierarchie unterordnet. Es ist aber gerade die „Herstellung" von Wissen innerhalb fachspezifischer, kultureller und historischer Zusammenhänge von entscheidender Bedeutung, um den tatsächlichen Wert wissenschaftlichen Wissens begreifen zu können. Wird dies unterlassen, ist es in diesem Sinne oft müßig, von Studierenden mehr Verantwortung für ihren eigenen Lernprozess zu fordern, wenn sie sie hier den Grad der Eigenverantwortung in der höchsten Bildungsschiene einzig und allein am „Erfolg" des Sammelns von lose miteinander verbundenen Details und Qualifikationsschnipsel bestimmen können. Das Ziel einer wissenschaftlichen Sozialisation, der reflexive und autonome Umgang mit wissenschaftlichen Zugangsweisen zur Realität, wird durch diese Form der wissenschaftsspezifischen und kulturellen Sozialisation an der Universität zu selten erreicht. Vielmehr werden Studierende aus Sicht der Befragten kaum dazu befähigt, zu jener Form von Intellektuellen zu werden, die ein tatsächliches Interesse an der Ausgestaltung kultureller Symbolsysteme in ihrer sozialen Welt haben. Dadurch stellt sich auch die Rolle der universitär Lehrenden hier zur Diskussion, wie dies eine Interviewpartnerin bemerkte.

Die Frage ist tatsächlich jetzt, was ich hier mache. Ich merke ja, dass auch die Studierenden halt ihre Sachen erledigen wollen, und wenn ich das verkompliziere, indem ich das Scheine-Sammeln jetzt in Frage stelle und ihnen sage, dass Sie die Intellektuellen von morgen sind, die die Verantwortung für die Welt haben, dann mach ich mich zumindest oft lächerlich, weil welche Verbündete habe ich denn in diesem Spiel? (I 1, Z. 240-245)

Um dieser „schleichenden Verschulung" der Universitäten entgegenzuwirken und wissenschaftssozialisatorisch wirken zu können, bedarf es eines Umgangs mit den Prozessen und Produkten von Wissenschaft, der die Fragmentierung der heutigen Studienstrukturen in Frage stellt. Es geht nach Sicht der Lehrenden vor allem darum, ein Verständnis von Zusammenhängen herzustellen, wie die unterschiedlichen Wissens- und Fachkulturen innerhalb ihrer jeweiligen Wissenstraditionen und Wissenskulturen wirken, welche übergeordneten normativen und ethischen Vorstellungen hier wirken und wie diese anschlussfähig an andere Wissenschaftssparten gemacht werden könn(t)en.

Das ist es ja gerade, was immer mehr verschwimmt. Wir sprechen da immer öfter von Interdisziplinarität, aber unsere Studenten kriegen da nichts davon mit. Können sie auch nicht, weil sie ja oft nicht einmal mehr das eigene Fach beherrschen, wenn sie nur den Stoff auswendig lernen. (I 22, Z. 76-79)

Deshalb wäre es notwendig, einen Wissensbegriff in der Lehre sichtbar zu machen, der sich nicht allein auf kognitives Wissen beschränkt, sondern auch auf die wissenschaftszentrierten Grundlagen der hier wirkenden Bezugs- und Bedeutungssysteme. Kenntnisse über einen Gegenstand zu erwerben ist in diesem Sinne einer Wissenschaftsdidaktik erst der Anfang. Verknüpft sollten diese Fähigkeiten mit Kompetenzen sein, die die bewusste und kritische Pflege der normativen Bezugspunkte der einzelnen Wissenschaften beinhalten. In einem Zeitalter, in dem jeglicher Bereich menschlicher Tätigkeit dem Einfluss wissenschaftlicher Bedingungen unterliegt, muss auch auf die Befähigung des qualifizierten und differenzierten Umgangs mit diesen grundlegenden zivilisatorischen Verknüpfungen geachtet werden. Deshalb ist in der Rolle der Lehrenden an Universitäten (mehr noch als in allen Institutionen des Lehrens und Lernens) darauf zu achten, die Wissenschaftslehre im Sinne eines unverzichtbaren Grundstoffes eines zeitgemäßen Konzepts von Staatsbürgerschaft zu machen, quasi zu einer Form des „scientific citizenship" beizutragen. Wie wichtig das ist, soll nur daran ermessen werden, welche ungeahnten Auswirkungen Zugänge der „modernen Hirnforschung" z. B. auf unsere Sichtweise von Schulkonzepten oder für unsere Konzeptionen von Lernen und Bildung haben.

Die Verschulungstendenzen in den Universitäten, als den originären Aneignungs- und Produktionsstätten von Wissenschaft, können diese Entwicklungen nicht kritisch begleiten. Im Gegenteil. Sie verstärken, durch die Verhinderung der notwendigen Reflexivität der Vorstellungen von Wissen(schaft), eine kontextlose, aber letztlich doch überaus normative Form der Fähigkeiten zum Erkennen der Welt.

4. Akademische Habitusfelder und ihre Lehrkulturen

> *Die Universität ist weder eine kirchliche Einrichtung noch eine Staatsanstalt, noch ein privatkapitalistisches Wirtschaftsunternehmen (…). Die Universität ist in einer ersten Annäherung eine Einrichtung der Gesellschaft, die in alle Bereiche der Gesellschaft hineinzuwirken versucht und die zugleich von allen gesellschaftlichen Kommunikationsbereichen auch unabhängig sein muss.*
>
> (Rudolf Stichweh 2009, S. 41)

Wollen Universitäten nicht nur einem (wie auch immer gearteten) Marktdiktat hinterher hecheln, muss augenscheinlich werden, dass die Planung, Organisation und Durchführung von Bildungsprozessen in einem umfassenderen Sinn zunehmend als wirksamer Einflussbereich gesellschaftlicher Gestaltung und Zukunftsfähigkeit gesehen wird. Entscheidungen über geeignete Organisationsstrukturen, über organisationsgebundenes Handeln und über die Entwicklung lernförderlicher Organisationskulturen müssen daher als Ausdruck einer sich pädagogisch akzentuierenden „Organisationspolitik" verstanden werden. In diesem Feld gesellschaftspolitischen Handelns erhalten Bemühungen um eine sensible Organisations-, Personal- und Lehrentwicklung eine umfassendere Bedeutung: Es geht dabei nicht um die eine oder andere effizientere

105

betriebliche Reorganisationsmaßnahme, was natürlich ein wichtiger Beweggrund und oft auch der vordergründige Anlass ist. Eingebettet sind die Veränderungsbemühungen jedoch in einen weit grundsätzlicheren Transformationsprozess, nämlich in den Wandel von öffentlich verantworteter (Weiter-)Bildung und von bildungspolitischen Grundsatzentscheidungen der Institution Universität. Gerade in den letzten Jahren haben sie die Ausrichtungen der Universitäten dabei vor allem hin zu Fragen der Organisationsentwicklung verschoben. Beinahe die gesamte Aufmerksamkeit ging weg von den subjektspezifischen und politischen Sichtweisen hin zur Abarbeitung wirtschaftsrelevanter Kennzahlen, innerhalb derer nach dem Bilde des klassischen Unternehmens und nicht nach der jeweiligen „Eigenökonomie" agiert wird. So werden etwa die Universitäten mit Marketingmaßnahmen und Leitbildern überzogen, als handle es sich bei ihnen um Wissensfabriken, die Gewinn abwerfen und Verlust vermeiden sollen. Gesellschaftspolitische Bezüge werden zunehmend auf ökonomische Bilanzierungen herunter getrimmt. Bildung und Lernen sind hier keine Fragen eines Ideals mehr, sondern auf Output-Messbarkeiten hin transformiert. Die Sprachspiele der Organisations- und Unternehmensberatung, die sich gesellschaftsweit durchsetzen, zeichnen sich hier vor allem durch eine übermächtige Inventarisierungsabsicht aus, die gesellschaftspolitische Sichtweisen in ökonomisierte Zielvereinbarungen auflösen. Die Komplexität der modernen Gesellschaft, die sich eben auch in ihren Bildungsinstitutionen ausdrückt, wird so massiv reduziert, obwohl unser Gesellschaftssystem durchaus anspruchsvoller funktional differenziert ist. Dadurch verwandelt sich aber auch der „Gegenstand Bildung". Gekaufte Liebe ist keine Liebe, sondern etwas fundamental anderes. Auch Bildung und Lernen funktionieren nicht rein wirtschaftlich, Kunstwerke kann man für Geld zwar kaufen, aber nicht mit Geld herstellen. Dies ist die Ausgangslage, in der heute die Theorie und Praxis der universitären Bildung mit der Organisationsfrage konfrontiert wird. Abseits des ökonomischen Drucks gilt es aber auch, die gesellschaftliche Dimension erwachsenenpädagogischen Handelns in den Universitäten aus einer gesellschaftspolitischen Bildungsfunktion heraus zu begründen. Dadurch soll eine gesellschaftlich kompensatorische Aufgabe mit einem bildungspraktischen und sozialpolitischen Selbstverständnis innovativ verbunden werden. Damit einher geht auch ein Wechsel in der Beschreibung und der akademischen Habitusfelder. Statt fertige bildungstheoretische Deutungen an das universitäre Bildungssystem heranzutragen, die in anderen Funktionssystemen entwickelt wurden und von ihnen geprägt sind, wird hier die Ausarbeitung eines spezifisch erwachsenenpädagogischen Bildungssettings forciert. Dabei muss er auch um eine Forcierung von neuen didaktischen Wegen in der Wissensvermittlung und um die Sensibilisierung für die Lehr- und Lernkultur an Universitäten insgesamt gehen. Diese umfasst

- die Schaffung von lehr- und lernförderlichen Formen der Arbeit für Lehrende und Lernende,
- die Ermöglichung von Zeit für Lernen und Entwicklung der Lehrenden und der Organisation,
- die gemeinsame Erarbeitung eines Orientierungsrahmens für das Lernen in der Organisation Universität und letztlich auch
- die Initiierung einer Feedbackkultur in den Lehrveranstaltungen und innerhalb der Lehrenden als Ausdruck der Forcierung neuer Formen der Didaktik.

Lehrende befinden sich hier zu Beginn ihrer Tätigkeiten an Universitäten biografisch betrachtet in einer Situation, in der sie diese (ihnen schon durch das Studium vertraute) Welt noch einmal aktiv aufnehmen müssen. Dabei müssen sie sich gezielt mit den neuen Anforderungen arrangieren und dabei zwangsläufig auch ihre soziale Situation und Funktion klären. Die Reaktionen auf diese Bedingungen stellen dabei eine Art der „Grammatik universitären Lehrhandelns" dar, die in unterschiedlichen formalen Systemen jeweils einen entsprechenden Platz zu kreieren, sichern und diskursiv/handelnd auszubauen helfen. Die entscheidende

Bezugsgruppe stammt dabei aber meist nicht aus den Studierenden, sondern es ist die unmittelbar bestimmende hierarchische Wissenschaftsinstanz, die zur alles entscheidenden Diskursgemeinschaft wird. Insofern geht es um eine spezifische Form der systemischen fachlichen Inklusion und um deren wissenschaftsimmanente Anerkennung. Und genau aus dieser Perspektive heraus erwachsen die Parameter, die die Basiserfahrungen eines universitären Lehrhabitus kennzeichnen. Damit rückt die Entwicklung der grundsätzlich möglichen didaktischen und lehrspezifischen Möglichkeiten in die herrschenden fachlichen Gestaltungsweisen, indem der Grad der Wertigkeit der Lehre und die Chancen für eine eigene erfolgreiche individualisierte Lehrentwicklung zwangsläufig mit den von Inklusions- und Anerkennungskämpfen im Wissenschaftssystem verbunden wird. Die Erfolge in der Lehre stellen sich aber kaum automatisch dadurch her, auch eine individuell tragfähige Lehridentität muss anderweitig abgesichert werden. Deshalb muss auch eine wissenschaftsdidaktische und individuell ausgeprägte Lehrdynamik forciert werden, die im Kern genau das ausmacht, was mit „Bildung durch Wissenschaft" im klassischen Sinne bezeichnet werden könnte. Ob aus dieser basalen Vereinigung von Lebenswelt und Forschung, Bewerten und Prüfen, Lehren und Lernen freilich eine universitär relevante Partizipation wird, das hängt davon ab, wie weit die universitären Lehraktivitäten tatsächlich über die eigene Bezugsgruppe bzw. Diskursgemeinschaft hinaus zugelassen, akzeptiert und allgemein anerkannt werden. In einer konzeptionellen Verknüpfung dieser Maßnahmen lassen sich dabei sowohl eine gesellschaftliche, eine institutionelle und auch eine individuelle Funktionsbestimmung von lebensbegleitendem Lernen in der Universität mit Fragen der Organisationsentwicklung verknüpfen. Wichtig wäre, diese offenen Transformationsprozesse innerhalb der institutionell verfügbaren Optionen und Gestaltungsmöglichkeiten realistisch wahrzunehmen, um nicht nur „Visionen", sondern auch konkrete Handlungskontexte zu erzeugen. Gerade in der Bewertung der Lehre zeigt sich, dass das explizite Bewusstsein für strukturelle Differenzen (Fachgrenzen, Curricula etc.)

nicht das Grundsätzliche der Universität verdeckt, denn es sind sowohl die Forschungsleistungen als auch die Lehre, die das nach außen transportieren, was Universitäten zu leisten imstande sind. Gerade dieser Transfer und die sich daraus ergebenden Fragen scheinen in der Zukunft immer wichtig zu werden. Übersehen sollte dabei nicht werden, dass es in Phasen grundlegender Umgestaltungen darauf ankommt, nicht allein den ökonomischen Wert zu bestimmen, sondern darüber hinaus auch eine allgemeine Antwort darauf zu finden, wofür die Universität heute steht, wie sie im Konzert der Bildungseinrichtungen wahrgenommen wird und welches Selbstverständnis sie hierbei ausstrahlt? Der gegenwärtig kaum noch überschaubare Ausdifferenzierungsprozess in den Aus- und Weiterbildungssystemen hat zu einem organisationspolitisch expansiven Aufgreifen immer weiterer Aufgaben und Arbeitsfelder geführt, innerhalb derer ein betriebsförmig organisiertes Angebots-Management dominiert, indem interne und externe Prozesse auf pragmatische Nützlichkeitserwägungen reduziert werden. Fragen nach der professionellen pädagogischen Identität der Einrichtung oder nach der gesellschaftsgestaltenden Kraft von Bildung sind in diesem Zusammenhang nicht besonders wichtig. *Die Frage, ab wann man davon sprechen muss, dass die Durchdringung der Wissenschaft durch die Systemlogiken von Politik wie Wirtschaft den Grad inakzeptabler Fremdbestimmung angenommen hat, stellt sich strukturanalog zu dem, was Jürgen Habermas als Kolonialisierungstendenzen beschrieben und für das Verhältnis von Politik und Wirtschaft zur Lebenswelt entwickelt hat. Das verbindende normative Anliegen ist die Eindämmung von Übergriffen durch die Systemimperative von Wirtschaft und Politik auf gesellschaftliche Autonomiebereiche* (Fischer-Lescano 2012, o. S.). Die Autonomie der Wissenschaft ist aber nicht nur in der Steuerung der Forschungsagenden wesentlich, sondern auch in der Ausrichtung der Lehre. *Ein Beispiel für eine solche Entfremdung ist die Entwicklung des Fachbereichs Rechtswissenschaft (...). Law and Finance ist im Zivilrecht des Fachbereichs mittlerweile dominierend. Zu den interessierten Wirtschafts- und Politikkreisen bestehen engste Verbindungen. (...) Das Ziel der Ausbildung (...) wird*

auf der Homepage des Instituts klar definiert: „Wir versorgen unsere Studieren-
den mit einem Sprungbrett für ihre Karrieren in internationalen Unternehmen,
Banken, Kanzleien, Buchhaltungs- und Wirtschaftsprüfungsunternehmen." Die
Liste von Promotionsarbeiten (…) beinhaltet Arbeiten zum „Outsourcing bei
Kapitalanlagegesellschaften" bis zu „Legal Problems of Credit Derivatives";
reflektierende Arbeiten zur Krise, in die die Finanzmärkte die Staaten gestürzt
haben, fehlen. Auch eine kritische Bestandsaufnahme der weitgehenden Nichtbe-
folgung des „Corporate Governance Kodex" bzw. der Opt Outs, die er allzu
leicht ermöglicht, sucht man vergebens. Natürlich muss eine Universität ihren
Studierenden auch das Rüstzeug für eine prekariatsfreie Berufstätigkeit vermit-
teln. Das darf aber nicht zu karrieristischen und monofunktionalen Engführun-
gen verleiten (Fischer-Lescano 2012, o. S.).

Diese Ausrichtung der Universitäten als „Handlanger" der Wirtschaft
wird von den Lehrenden in diesem Projekt unterschiedlich bewertet. So
wird einmal betont, dass diese „Kolonialsierung" die Struktur der Universität als unabhängige Institution gefährdet, andererseits wird aber
auch darauf hingewiesen, dass die Anbindung an potentielle Berufsfelder
und der dort vorfindbaren Strukturen durchaus wichtig und legitim sei.
Von beiden Argumentationsseiten wird aber betont, dass vor allem der
Nachvollzug dessen, wie die Universität sich als ein vernetztes System
wechselseitig ergänzender Positionen auf unterschiedlichen gesellschaftlichen und wissenschaftsimmanenten Ebenen präsentiert, weiter gefasst
werden muss. Explizit waren das Forderungen nach einer komplexen
aber sichtbaren Verbindung von Wirtschaft und Forschung, aber auch
von Pädagogik und Lehre. Dabei ging es einmal um die Zusammenhänge innerhalb derer die Universität in der Öffentlichkeit sichtbar wird,
aber auch um die eigene berufliche Positionierung, um die Herstellung
von verlässlichen Arbeitsstrukturen die eine individuelle Entwicklung
erst möglich machen. So wurde in den Interviews darauf hingewiesen,
dass zwar alle Einzelpositionen und Teilbereiche innerhalb der Universität einen spezifisch wissenschaftlichen Charakter in Anspruch nehmen,
dass aber erst der funktionale Gesamtzusammenhang mit dem „Pädago-

gischen" die Wirklichkeit der Universität ausmacht. Die Möglichkeiten Lernen, Lehren und Forschen als mehrstufige Prozessstruktur auf unterschiedlichen Handlungsebenen zu verbinden, bedarf demnach der grundsätzlichen Aufwertung der Lehrhandlungen. Dabei erscheint es dem Großteil der Befragten wenig sinnvoll, das „Pädagogische" substantiell zu bestimmen und es dabei z. B. nur den Lehrenden zuzuordnen. Das spezifisch Pädagogische einer Bildungsinstitution folgt aus einem intentional organisierten Lerngeschehen in unterschiedlichen fachlichen Handlungskontexten. In einer solchen Betrachtungsweise erscheint die Institution Universität nicht mehr nur als ein „Haus" unter vielen, das der Bildungslandschaft hinzugefügt wird. Es ist gerade das Spezifische der Lernkultur in dieser Institution, dass sie sich als eine besondere Verknüpfung gesellschaftlicher Sensibilität mit daraus abgeleiteten emanzipatorischen Bemühungen konstituiert und dabei in diesem relevanten Zusammenspiel zwischen Forschung und Lehre erst ihre „pädagogische Relevanz" herstellt. So ist es für viele Lehrende vor allem der Kontakt mit den Studierenden, der sie hellhörig dafür macht, was sie im Wissenschaftsalltag oft gar nicht mehr wahrnehmen. In den Gesprächsrunden mit den Lernenden kann dabei das Wissen um den eigenen Wirkungshorizont (das Kontextwissen) und das Bewusstsein von der Verbindung der eigenen Tätigkeit mit den Denk-, Arbeits- und Lebensstrukturen der Gesellschaft (Relationsbewusstsein) verknüpft werden. Solche Diskurse haben dabei etwas von einem Mosaik, wo jeder einzelne Stein in seiner besonderen Unverwechselbarkeit seinen Platz im übergeordneten institutionellen Sinnzusammenhang erhält.

Ich sehe das ja auch kritisch, aber in den Gesprächen mit den Studenten kommt das noch viel schärfer, weil die fragen einen auch unverblümt halt, was das jetzt bringen soll, wenn man das und das macht, wem das nutzt oder wem das schadet. Solche Fragen stellst du dir also kaum im Labor. (I 7, Z. 87-90)

Das ist bei uns sowieso immer der Fall, dass jemand da-
nach fragt, was das für eine Bedeutung hat und ob das
jetzt emanzipatorisch wirkt oder im Gegenteil. Also das
hält schon im gewissen Sinn wach dafür, dass du nicht
den Boden unter den Füßen verlierst. (I 1, Z. 121-124)

Entscheidend für die Entwicklung der Universität wird auch der Umstand gesehen, wie versucht wird, dieses spezifisch Pädagogische (sowohl im Binnenverhältnis als auch nach außen) darzustellen. Die Erforschung der eigenen Lernkultur könnte dazu beitragen, das eigene
pädagogische Selbstverständnis bewusster zu machen und umweltoffe-
ner zu kommunizieren. Eine wichtige Voraussetzung dafür wird in der
Erkennbarkeit und in der Wertschätzung des besonderen Profils der jeweiligen Wissenschaftskulturen und Forschungsgruppe gesehen. Dies
wiederum verlangt eine selbstbewusste Verdeutlichung des jeweiligen
Anders-Seins, das heißt die Klärung auch dessen, was jemand in diesen
Kontexten nicht ist bzw. nicht zu leisten vermag. Eben dies schwingt in
dem Begriff Lernkultur mit. Es geht nicht um die Addition von Tätigkeiten, sondern wesentlich um die Schnittmenge, um die Kontrastlinie zu
anderen. Grenzen sind daher immer auch Kontaktflächen. Je deutlicher
die Grenze, desto konkreter werden Anknüpfungsmöglichkeiten erkennbar. Auch dies ist sowohl für die Binnenstruktur als für die Außenwahr-
nehmung wesentlich, denn immer wieder steht hinter all diesen Bemühungen die Frage, wofür die Universität tatsächlich steht. Ist sie ein
Spiegelbild der thematischen Erwartungen und Leistungsansprüche ihres
regionalen, nationalen Umfeldes? Ist sie Erfüllungsgehilfin unterschied-
lichster gesellschaftlicher Motive und Wünsche, die ihre Interessen und
Bedürfnisse hier wiederfinden möchten, sodass diese sich quasi immer
wieder selbst in diesem Forschungs- und Bildungsraum erkennen? Dieser Umgang mit externen Erwartungsstrukturen und Aufgabendefinitio-
nen hat natürlich auch Auswirkungen auf die Forschenden und Lehrenden, die ihre Rollen und habituellen Felder auf die je spezifische

Charakteristik der Institution abstimmen müssen. Prozesse der Sensibilisierung von Lernkulturfragen können nur langfristig angelegt sein, wollen sie tatsächlich institutionell greifen, da sie sich auf übergeordnete individuelle und kollektive Formationsprozesse und daraus resultierende Bildungsgestalten beziehen. Dabei geht es also nicht um einzelne Schritte der Aneignung und des Lernens, sondern um höher organisierte Prozesse der Verarbeitung, Verknüpfung und (Trans-)Formation von Lehr- und Lernprozessen zu einer institutionellen Erfahrungsgestalt – gewissermaßen um Lernprozesse „zweiter Ordnung".

4.1 Universitäre Lehr-und Lernkultur

Der Begriff der Lernkultur ist keine ursprüngliche und im Kontext der Erziehungs- und Bildungswissenschaften geschaffene pädagogische Kategorie. Er wird im lern- und bildungstheoretischen Kontext oft auch durch ähnliche Begrifflichkeiten (wie etwa von Unterrichts- oder Schulkultur bzw. Organisations- oder Unternehmenskultur) spezifiziert. Mit dem Begriff „Lernkultur" wird auf einer allgemeinen Ebene versucht, die Modalitäten des Lernens und die Modalitäten der Lebensführung zusammenzubinden. Folgt man zunächst einem allgemeinen Begriffsverständnis, so bezeichnet „Kultur" im Gegensatz zur „Natur" alle nach einem kollektiven Sinnzusammenhang gestalteten Produkte, Produktionsformen, Lebensstile, Verhaltensweisen und Leitvorstellungen einer Gesellschaft. Als kulturelle Muster gemeinsamer Werte und Überzeugungen prägen diese Symbolisierungsformen sowohl über Traditionen als auch durch die alltäglichen Umgangsformen ihre Gesellschaftsmitglieder. Versuchen wir dieses eher allgemeine Begriffsverständnis auf beispielsweise die Institution Volkshochschule zu übersetzen, so lässt sich eine „Lernkultur" zunächst dadurch kennzeichnen, dass in ihr bestimmte Verhaltens- und Umgangsformen herrschen, denen ausgesprochen oder unausgesprochen spezifische Werte und Normen zugrunde liegen. Das lernkulturelle Geschehen ist dabei geprägt durch die Spannung zwischen den Erfordernissen der Individuen und den Bedingungen der Gesellschaft. So lassen sich mehrere Ebenen der Lernkulturen unterscheiden, die von der mikrologischen Seminarebene bis zur makrologischen Ebene der Bewertung und Hierarchisierung von Wissensbasen in der Gesellschaft reichen. Die hier spezifisch in den Blick genommenen Wahrnehmungs- und Deutungsmuster werden über Kommunikations- und Interaktionsprozesse zwischen der Organisationsstruktur, den Lehrenden und Lernenden fortlaufend (re-)produziert. Dabei wird die Lernkultur an der Universität sowohl durch ihre Geschichte und die bereits vollzogenen Entwicklungsprozesse als auch durch die subjektiven Einstellungs- und Handlungsmuster der Beteiligten geprägt. Auf der anderen Seite steht der Begriff Lernkultur auch als Sammelbegriff für alle Verhaltenskonfigurationen, Symbole, Ideen und Werte, die sich im Zusammenleben der Mitglieder dieser Institution identifizieren lassen, konkret z. B.

- die Umgangs- und Begegnungsformen,
- die Verständigung über Bildungs- und Lernziele,
- die in Lehr- und Lern-Prozessen vermittelten Inhalte,
- die dazu eingesetzten Lehr- und Lernmethoden,
- die bereitgestellten Lern- und Erfahrungsmöglichkeiten,
- den Kontakt zur Lebenswelt der TeilnehmerInnen und der Universität.

Der Terminus Lernkultur bezieht sich damit auf Bildungsinhalte und -anforderungen, auf die „bildnerischen Werte und Normen", ebenso wie auf die Ausprägung der Interaktionsformen und Beziehungsstrukturen. Damit sind einerseits eben Lehr, Trainings-, Coach- oder Führungsstile im weitesten, sowie Umgangsformen, Kooperationshandlungen und Entscheidungsstrukturen, Engagement und emotionaler Bezug zur Bildungsinstitution sowie Berufsethos und das „Menschenbild" innerhalb der Institution gemeint. Eine Sichtung der diesbezüglichen Veröffentlichungen zur Beschreibung von Lernkulturen (vgl. Arnold/Schüssler 1998, Heuer/Botzat/Meisel 2001, Knoll 2003, Coffield 2008, Meyer-Drawe 2008) zeigt, dass mit dem Begriff der Lern- oder Unternehmenskultur ... *die Pflege und Qualitätsentfaltung dieser Bildungs- und Ausbildungsinstitution in allem, was zu ihr gehört* (Ipfling 1995, S. 5), intendiert ist. Die Aspekte des methodischen Settings (*Wie wird gelernt?*), des impliziten Lernens (*Was wird gelernt, während gelehrt und gelernt wird?*) und des Lernens als selbstreferenziellem Aneignungsprozess, die mit dem Lernkulturbegriff verbunden sind, ermöglichen ein tieferes und meines Erachtens auch realistischeres Verständnis von Lernen in den verschiedenen Institutionen. Ein solches systematisches Bild von Lernen rückt die Ermöglichungsstruktur von Lernprozessen in den Blick und trägt den komplexen Wechselwirkungsprozessen im Lehr-Lernprozess stärker Rechnung. Der Begriff Lernkultur an der Universität beinhaltet dabei Fragen nach

- der Struktur und dem Selbstverständnis der Universitäten, aber auch nach dem internen Lern- und Innovationspotential, dem Image und der Akzeptanz des Bildungsangebots in und außerhalb der Institution,
- dem konkreten Bildungsverständnis, dem Lernklima und den spezifischen Arbeitsanforderungen, die von den jeweiligen Studienkulturen beeinflusst sind,
- den organisationellen Netzwerken und Infrastrukturen in der Verbindung von Forschung und Lehre, von lehrender und studentischer Lebenswelt und letztlich auch
- den Kommunikationsformen, den Lernwiderständen, Ritualen und Inszenierungen der Lehrenden in ihren Lehrveranstaltungen.

Von den Befragten wird hier gefordert, dass der eigene Lernwunsch in der Herausbildung eines Lehrhabitus auf eine offene Struktur trifft, in der die Vereinzelung, der Zwang oder auch die Angst durch ein Engagement in der Lehre im universitären Verteilungskampf nicht auf der

Strecke zu bleiben. Dabei geht es darum, neben den Fachbezügen auch fachspezifisch-didaktische Ausprägungen entwickeln zu können. Diese wiederum drücken sich in unterschiedlichen Kontextwissensformen von Lehren, Beraten und Prüfen aus und münden (bzw. ergänzen sich) in Elementen einer erlebbaren Lehr- und Lern-Philosophie (den Grundsätzen bzgl. universitärer Lehre und den möglichen pädagogischen Modellen). Beweglich oder starr ist hier der ausschlaggebende Motor dieser Faktoren. Die Frage dabei ist, ob die Universität (und der einzelne konkrete Arbeitsbereich) beweglich genug ist, diese lehrspezifischen Ressourcen innerhalb der Berufsbiographien in einer beweglichen Struktur zu bündeln, die nicht nur starr auf den scientific record bezogen werden. Eine Verbindung von formalen Lehr- und Lern-Wissen-Elementen und metakognitiver Strategien zur Absicherung von Lehrkompetenz scheint ein Schlüssel dazu zu sein, ob universitäre Lehrende als LernerInnen eine aktive Rolle in ihrem akademischen Lehr-Bildungsprozess „spüren". Diese strukturelle Unterscheidung in „beweglich" oder „starr" bedeutet einen qualitativen Unterschied im Erleben der Herausbildung eines Lehrhabitus der Befragten. Es zeigt sich hier, dass es dabei gerade um jene Spannung zwischen Lernbedürfnis und Lernstruktur, zwischen Lernerfordernis und individuellem Wunsch geht, der entscheidend ist, ob in Krisensituationen der Lernvorgang abgebrochen oder fortgesetzt wird, ob Lehrkompetenz reflexiv erworben und ausgebaut wird.

Betrachtet man Bildungsinstitutionen wie die Universität als „lernende Organisationen", so umfasst der Begriff der Lernkultur sowohl die Binnenstruktur der Institution als auch die Gesamtheit der Lern- und Entwicklungspotentiale, die über das Zusammenwirken der Mitglieder in Interaktions- und Kommunikationsprozessen auf lernbezogener, kollegialer und organisatorischer Ebene arrangiert werden. Lernkulturen sind somit in und durch Lehr-, Lern- sowie Kooperations- und Kommunikationsprozesse(n) immer wieder aufs Neue hergestellte Rahmungen, die ihren Gruppenmitgliedern spezifische Entwicklungsmöglichkeiten bieten (und andere auch vorenthalten). Lehrende z. B, die stark an ihrer ExpertInnenrolle als WissenschafterInnen festhalten, werden deshalb andere Selbstlernmöglichkeiten für Lernende bereitstellen, als Menschen, denen die Er- und Bearbeitung von Problemen als Prozessgeschehen wichtig ist. In Arbeitsbereichen, in denen die Lehre stets nur Beiwerk ist, die so schnell wie möglich absolviert werden muss, bleiben kaum Möglichkeiten, sich über lehr- und organisationsspezifische Probleme auszutauschen oder die einzelnen Lehreinheiten auf der Basis einer pädagogischen Konzeption gemeinsam zu planen oder zu überprüfen. Eine Auffassung von Lehre, die zwar Eigeninitiative und Experimentierfreude von den Lernenden in den Kursen fordert, die aber auf die Einhaltung aller Formalia besteht und sich nicht von ihrer Kontrollfunktion lösen will, wird auf kreatives Engagement von Lehrenden meist vergeblich warten. Selten ist den Beteiligten hierbei bewusst, dass sie zu einem großen Teil die bestehende Lernkultur selbst erzeugen. Viele Lehrende beklagen z. B. zwar die rigiden Lehr- und Lernstrukturen, folgen aber weiterhin einer traditionellen Lehr- und Lernlogik, weil sie oft nichts anderes kennen und perpetuieren diese damit aufs Neue. Wer nie gelernt hat, z. B. auf KollegInnen zuzugehen, um mit ihnen realisierbare Lösungen für Projektideen zu entwickeln, oder nur von lebendigen Lernformen dozieren, anstatt sie mit den Lernenden zu erproben, wird sich hierbei meist unsicher, überfordert oder gar überflüssig vorkommen. Gleiches spielt sich auf der Seite der Lernenden ab, die Lehr- und Lernkulturen ebenfalls massiv mit ihrem Verhalten, aber auch ihren Wünschen und Ansprüchen prägen. Hier zeigt sich, dass die hier erlernten Aneignungsaktivitäten der Lernenden oft im Widerspruch zu innovativen Lehrformen stehen, wenn sie sich z. B. mit dem Gestus des „Belehrens" arrangiert haben, nichts als diesen erwarten und aus Gründen der bequemen Gewohnheit aktivierenden und auf Selbsttätigkeit gerichteten Methoden eher ablehnend gegenüberstehen. In ihrer Lernbiographie haben sie diese Lernkultur des Trichters als vermeintlich „natürlich" internalisiert, ohne sich bewusst zu sein, dass sie durch die erwartungsgemäße Wahrnehmung ihrer LernerInnenrolle selbst an der Konstruktion einer statischen Vermittlungs-

Lernkultur mitwirken. Alles was sie auf dieser Ebene wahrnehmen, dient einzig dem Zweck, die „Prüfung" zu bestehen. Die Universität vermitteln auf diese Art und Weise eben nicht nur die formalen Inhalte und Prozeduren, sondern auch Strategien, welches Verhalten in der jeweiligen Lernkultur zu welchen Effekten führt. Dieses „Vertraute" bietet Handlungssicherheit und Identitätsstabilisierung, ohne dass sich Fragen der eigenen Ausgestaltung und damit auch der Veränderbarkeit dieser Formen stellen. Vielmehr wird dem Status quo ein faktischer Wert zugeschrieben; es wird so getan, als ob dieser das einzig Mögliche sei, um die handlungsorientierende Funktion des Vertrauten nicht zu gefährden. Lehrende agieren hier ebenfalls immer wieder affirmativ auf solche Rückmeldungen, da es ihnen wiederum ermöglicht, auch ihre traditionell erlernten Rollen und Verhaltensrepertoirs aufrecht zu erhalten, indem sie postulieren, dass die TeilnehmerInnen dies ja so wünschen. Unter dem Aspekt der Lernkultur kommt deshalb dem impliziten Lernen eine besondere Bedeutung zu. Dieses besteht aber eben auch aus der Übernahme von Haltungen, Einsichten, Gewohnheiten sowie Kompetenzen, die unausgesprochen, beiläufig und unterschwellig vermittelt werden. Es ist insbesondere dieses implizite Lernen, das für den Erwerb oder Nichterwerb von Schlüsselqualifikationen, von Lernhaltungen, von Problemlösungsfähigkeit und Selbständigkeit von zentraler Bedeutung zu sein scheint (vgl. Egger 1996). In diesem „heimlichen Lehrplan" lernen Lehrende und Lernende innerhalb der impliziten Leitlinien von Lernorten nicht nur die deklarierten Inhalte, sondern auch die Codes und stillen Ordnungsrufe der institutionellen Gegebenheiten, die die Verantwortung innerhalb der spezifischen Anpassungs- und Lernprozesse bestimmen. Die Erforschung der Lernkulturen von Lehrenden an der Universität zeigt hier ein Bild, dass den hier arbeitenden Menschen kaum Möglichkeit geboten werden, derartige Prozesse zu besprechen und dadurch eine charakteristisch-pädagogische Orientierung für ihr Lehr-Lern-Handeln zu schaffen. Die soziale Realität Universität wird dadurch quasi von einem Strang ihrer professionellen Arbeit abgeschnitten. Dies ist heute umso bedauerlicher, da veränderte Umwelt- und Lernanforderungen in flexibleren (über die in der vertrauten, traditionellen, schulischen Lernkultur erworbenen Orientierungsmuster) Strukturen bewältigt werden müssen. Aus diesem Grunde müssen sich auch hier verstärkt „erwachsenenbildnerische Subkulturen" bzw. innovative Lernkulturen herausbilden, in denen solche pädagogischen Ansprüche ihren Ausdruck finden können. Die Entwicklung einer solchen innovativen Lernkultur kann sich jedoch nur dann nachhaltig etablieren, wenn sie nicht sogleich sanktioniert, sondern Zeit hat, um zu entstehen und sich zu entwickeln. Die in den letzten Jahren an den Universitäten durchgeführten didaktischen Initiativen müssen deshalb von einem nachhaltigen Prozess des Aufbaus einer innovativer forschender Lehrkultur begleitet werden, indem die Wert-, Aufgaben- und Relevanzstrukturen und -vorstellungen aller KommunikationspartnerInnen innerhalb der jeweiligen Kontexte ihre spezifischen pädagogischen Kontexte bestimmen. Dieser Entwicklungsgang hin zu einer nachhaltigen Lehr- und Lernkultur muss sich auch zur Aufgabe stellen, die hierzu notwendigen Veränderungen kommunizierbar zu machen und z. B. durch ein gemeinsam formuliertes Programm oder Leitbild der Lehre zu bündeln. Dies geschah bislang kaum und wenn dann meist einzig in der Etablierung von Lernzielparamatern. Diese Vorgänge sind aber wichtig und sollten auf jeden Fall um die strukturelle Erfassung jener relevanten Aspekte der einzelnen Lehr- und Lernprozesse erweitert werden, die letztlich das Standing der Lehre an Universitäten jeweils ausmachen. In einem solchen weiten Begriffsverständnis von Lernkultur gilt es, auf die individuellen und kollektiven Bilder von Lehren und Lernen der an Bildungsprozessen Beteiligten aufmerksam zu machen. Die in den Lernprozessen biographisch eingelagerten „Selbstverständlichkeiten" müssen auf den Ebenen der Gesamtstrategie der Universitätsleitung, der wissenschaftssozialisatorisch bedeutsamen Ebene der Arbeitsbereiche und der der handelnden Lehrenden expliziert gemacht werden. Die hierfür notwendigen Veränderungen im institutionalisierten Lehr-Lern-Kontext weisen in die Richtung der Aufwertung der gesamten Studienqualität. Damit soll eine Akzentverlagerung angedeutet werden, die von der institutionellen Sicht zum lebensbegleitenden Lernen, von der einzelnen Studienrichtung zu vielfältigen Netzwerken, von der staatlichen Regulierung zur Selbstorganisation führt. Zu dieser Erweiterung haben unterschiedliche Faktoren, wie die verstärkte Individualisierung des Lernens, die Pluralisierung von Milieus und Lebensstilen, die Aufwertung des lebensnahen Lernens und Ähnliches beigetragen. Feststellbar ist auch eine „Entgrenzung" des Lernens und eine Aufwertung des selbstgesteuerten Lernens, eine neue Phase der Entschulung von Lernprozessen (vgl. Alheit/Dausien 2002). Diese Verlagerung der Lehr- und Lernprozesse wird gestützt durch Theorien der Selbstorganisation und Individualisierung. Dabei stellen sich die grundlegenden Fragen vor allem in folgenden Bereichen:

* Wie sind Korrespondenzen zwischen den Lern- und Lebenswelten der Studierenden und Lehrenden herzustellen?
* Wie können Ebenen der Partizipation und Mitwirkung an forschenden Lehrprozessen gestaltet werden und mit den Perspektiven der Lernenden verbunden werden?
* Wie kann eine (individuell und gesellschaftliche) nachhaltige Aneignung und Verarbeitung von Wissen und Erkenntnis in den Bildungsprozessen forciert werden?

Die Universitäten verändern in diesem Zusammenhang ihre Bedeutung in der Organisation von Lernprozessen, wobei sie sich auch innerhalb der Bildungslandschaften neu verorten müssen. Zu einer solchen neuen Institutionendidaktik gehört die Klärung und Vergewisserung des Aufgabenverständnisses und der „Philosophie" der Universität durch die Abklärung

- der didaktischen Schwerpunkte und Lernarrangements in der Lehre (E-Learning, Präsenzlernen etc.) und deren spezifischen Veranstaltungs- und Organisationsformen,
- der Kompetenzprofile und der Sicherstellung der Professionalität der Lehrenden,
- des „Marktwerts" der Lehrleistungen der ForscherInnen (gegebenenfalls durch Masterabschlüsse oder sonstige Zertifizierungen),
- der „Produktqualität" (zum Beispiel durch Anbieten von Lernberatung etc.).

Die hierbei intendierten Veränderungen wurden in den Interviews immer wieder angesprochen, wenn die Lehrenden von den Erfahrungen in anderen Erwachsenenbildungseinrichtungen berichteten. Generell scheinen gerade in der Bündelung von Erfahrungsbasen und den Vor-Ort-Anforderungen große Potentiale in der Lehr- und Lernkulturentwicklung zu liegen.

Das ist wie ein riesiges Netz, das vieles abfedert, wenn du da so einige Leute in der Hochschule hast, mit denen du dich absprechen kannst. Das ist mir persönlich schon sehr wichtig, dass das jetzt ausgebaut wird, weil sonst bist halt eine Alleinunterhalterin und dann gehst wieder heim. Also mir fällt da oft etwas ein, dass man probieren könnte, aber wenn du da keinen hast, der dich da ermuntert oder der einfach nur zuhört, dann überlegst es dir vielleicht noch einmal. Aber wenn du da so einen Fachbereich hast, wo du das besprechen kannst, ist das was ganz anderes, als wenn du immer alles alleine machen musst. (I 9, Z. 115-120)

Und wenn du dir dann anschaust, wie wenig eigentlich darüber geredet wird [über die konkreten Erfahrungen in

121

der Lehre, R. E.] und wie alles nur darauf hinausläuft,
dass eh alles funktioniert, dann wundert man sich nicht,
dass keine Vernetzung zustande kommt. Dann macht je-
der halt seinen Job und das ist es auch. Wer mehr will, so
Gemeinsames, der wird auch noch ausgelacht. Das habe
ich auch schon erlebt. (I 19, Z. 112-114)

Pädagogisches Wissen wird vielfach aber dadurch destruiert, dass kein
Platz in den LehrerInnenkollegien dafür ist. Gerade die aktuell zu lösen-
den Probleme, aber auch die vielen kleinen aktuellen Abstimmungspro-
zesse im Lerngeschehen erzeugen oft eine beachtliche innovative Dichte,
die aber kaum einmal in das Lehrendenkollegium zurückfließt, ge-
schweige denn systematisch bearbeitet wird. Nach dem Verlassen des
Hörsaales verlieren sich viele tragfähige und interessante Ideen, aber
auch oft viel Engagement der Lehrenden. Neben diesen Aspekten des
Aufgreifens von sich aktuell ergebenden Lehrinnovationen beschrieben
die Interviewten in diesem Projekt aber auch konkrete lernspezifische
Fragen. Aus der eigenen Lehr- und Lerngeschichte der Beteiligten z. B.
wurde einsichtig, dass es oft Lernsituationen oder Unterrichtsmethoden
sind, die in irgendeiner Weise neuartig und ungewöhnlich waren, die die
Kompetenz, d. h. die eigene Handlungsfähigkeit der Lernenden in viel
stärkerem Maße geprägt und gefördert haben, als die Bearbeitung einer
Fülle von inhaltlichen Details. Dabei wurde dafür plädiert, das Denken in
Inhaltsblöcken, Stoffpensen und Lehrplanvorgaben daraufhin zu erweitern, dass neue Lerngelegenheiten geschaffen werden können. Auch die
Lernforschung betont, dass das „Wie?" in der Regel folgenreicher und
länger andauerndere Wirkungen erzielt, als das Beharren auf dem „Was?"
(vgl. u. a. Siebert 2003). Die Methode bzw. das methodische Setting des
Lernprozesses, die Art und Weise, wie die Lehr- und Lernorganisation
zwischen den Lehrenden, den Lernenden und dem Inhalt arrangiert
wird, ist dabei wesentlich. Diese organisatorische Komponente hat eine
vom inhaltlichen Lernerfolg weitgehend unabhängige Wirkungsdimen-

sion. Genau diese Wirkungsdimension von Unterricht und Lernen ist es aber auch, die in zunehmendem Maße die Kompetenz ausmacht, die für selbständiges Handeln in selbstorganisierten Lebens- und Arbeitskontexten wichtig ist. Wie schon vorne erwähnt, lernen Studierende nicht nur dann, wenn gelehrt wird und das, was gelehrt wird. Demgegenüber hat insbesondere die neuere Lernforschung sowie die Kognitions- und Gedächtnisforschung den Blick dafür geschärft, dass das Lernen ein weitgehend selbstorganisiert ablaufender Prozess ist (vgl. Kaiser 2003, Kade/ Seitter 2005, Stern 2005, Nuissl 2006). Individuen oder soziale Gruppen können zwar durch externe Anstöße lernen, sie werden natürlich auch durch von außen erfolgende Impulse oder Vorgaben angeregt. Die Resultate der angestoßenen Lernprozesse sind allerdings auch in starkem Maße von ihrer bereits vorhandenen und entwickelten kognitiven Eigenstruktur geprägt. Ähnliches gilt natürlich auch für die Gruppe der Lehrenden. Auch sie befinden sich mit ihren Ausrichtungen, Ansätzen und didaktischen Kalkülen in keinem luftleeren Raum, sondern sie bewegen sich innerhalb einer bestimmten Organisationsstruktur mit jeweils spezifischen Anforderungen, Erwartungen und Bedürfnissen. Eine Begrenzung auf die „sichtbaren" bzw. „dokumentierbaren" Aspekte ihres didaktischen Handelns würde deshalb eine grobe Vereinfachung bzw. Verkürzung darstellen.

4.2 Inkorporierte sozio-kulturelle Ordnungssysteme

Die Kompetenzentwicklung von Lehrenden bedarf aus den oben genannten Gründen der förderlichen Strukturen auf allen Ebenen, was an den derzeitigen Universitäten meist keine Selbstverständlichkeit ist. Die hier vorherrschende Struktur wird (wie vorne dargelegt) über die Ausstattung mit wissenschaftlichem, hierarchischem und großteils daraus abgeleitetem symbolischen Kapital beschrieben. Grundsätzlich in allen Fällen gültig sind die (schon mehrfach angesprochenen) wissenschaftlichen

Karrierepfade und die Minderbewertung der Lehre. Daneben haben die einzelnen Fachdisziplinen mehr oder weniger ökonomisches, soziales, kulturelles und symbolisches Kapital im sozialen Feld „Universität" aufgebaut (vgl. Schaeper 1997, S.91 ff.). So verfügen z. B. die „kapitalkräftigen" klassischen Naturwissenschaften als „reine" und „harte" Wissenschaften über ein ansehnliches Maß an derartigem Kapital, während z. B. die Erziehungswissenschaften, als alles in allem eher „angewandte" und „weiche" Wissenschaft wenig Anerkennung im universitären Feld besitzt. Hier kommt noch der Umstand hinzu, dass diese Disziplingrenzen in der Regel oft auch noch geschlechtsspezifisch „abgesichert" werden (vgl. Schaeper 1997, S. 79 ff., 118 ff., 234 f.). Das bedeutet, dass die hier wirkenden Sozialisations- und Handlungsmodi als „weiblich" oder „männlich" kodiert und eingeordnet werden, woraus wiederum „symptomatische" Zugänge zu bestimmten Ressourcen und Praktiken führen. Dies bringt es aber nicht zwangsläufig mit sich, dass es einen eindeutigen geschlechtsspezifischen Lehrhabitus und geschlechtsspezifische Lehrpraktiken gibt, da diese stets kontextabhängig von anderen universitäts- und fachspezifischen praxisgenerierenden Prinzipien abhängig sind. Interessant ist dabei in dem untersuchten Sample, wie die hier eingelagerten Habitusfelder die Möglichkeiten der Hochschuldidaktik mitbestimmen. So zeigte sich aus Sicht der hier befragten Lehrenden, dass diejenigen aus einem „kapitalkräftigen" Wissenschaftsbereich heraus (in der Eigendefinition) weniger damit beschäftigt sind, um ihr Standing als Lehrende zu „kämpfen", da hier die sozialisatorischen Effekte des Studiums vieles davon übernehmen.

> *Ich kann mich da nicht damit aufhalten, dass die motiviert sind oder so. Die müssen das einfach sein, sonst kommen sie zu keinen Ergebnissen im Labor, ob die jetzt unlustig sind oder nicht, dass liegt jetzt nicht an mir, oder wie lange die dafür brauchen. Sie müssen das Ergebnis haben am Ende. (I 20, Z. 28-41)*

Je „weicher und kapitalärmer" die Fächer bewertet werden, desto mehr müssen didaktische Brücken zu den einzelnen Lehrveranstaltungen gebaut werden. Dabei spielen natürlich studienrichtungsbezogene Effekte der Massenfächer und deren zumeist berufsunspezifische Ausbildungsziele ebenso eine wichtige Rolle.

> *Zu uns kommen also, um es einmal sehr vornehm auszu-*
> *drücken, viele auch anderweitig Interessierte, also Men-*
> *schen, die schon einmal etwas anderes angefangen haben*
> *oder die einfach die Nase voll hatten vom Arbeitsleben o-*
> *der einfach die, die nicht genau wissen, was eigentlich für*
> *sie passt. Und da musst du schon also variabel sein, dass*
> *du die unter einen Hut bringst. (I 1, Z. 41-44)*

Die entsprechend wirkenden Hintergrundfolien der spezifischen Fachkulturen zeigen, dass es dort, wo es vorwiegend um Interpretationskontexte von Phänomenen geht, die eigene Stellung im Herstellen der Wissenschaftskontexte viel stärker thematisiert wird. Besonders ausdrücklich ist dies z. B. in den Fächern Pädagogik und Philosophie zu sehen. Hier sehen sich die Lehrenden stärker gefordert, sich auf die Entstehungskontexte und die gesellschaftliche Relevanz der Lehrgegenstände zu beziehen (wenngleich es auch hier beträchtliche Unterschiede gibt, die von einer „offenen" Herleitungskultur bis hin zu stringenten formalen Nachvollzugsstrukturen reichen). Grundsätzlich geht es in diesen Fachkulturen stärker um das Einholen der Lebenswirklichkeiten der Studierenden, um die prinzipielle Anschlussfähigkeit an etwas Vertrautes. Die Vorstellung dieser Chance wird hier sehr häufig mit der Formel des „kritischen Bewusstseins" bezeichnet.

> *Bei mir geht es also schon darum auch, dass hier ein kriti-*
> *sches Bewusstsein entsteht, so in dem Sinne, dass sie das*

hinterfragen jetzt, was das konkret bedeutet. Sonst hätte
das keinen Sinn. (I 8, Z. 134-135)

Wenn ich dann merke, dass die nur alles auswendig ler-
nen, dann muss ich mich schon noch einmal hinterfragen,
was ich also jetzt vermittelt habe und ob es das ist, was
ich will. Definitiv eben nicht, weil ich will auch eine Hal-
tung hier sehen, sonst kann ich das gleich lassen und ich
gebe ihnen ein Buch zum Lernen. Da brauchen Sie dann
keine Uni mehr. (I 1, Z. 189-192)

In diesem Sinne sehen sie sich aber auch in einem gewissen Dilemma, denn Lehrende die darauf bauen, wollen einerseits offen sein für unkonventionelle Unterrichtsarten, andererseits sehen sie sich auch von vielen Studierenden (und auch von anderen KollegInnen) missverstanden und unter dem Druck, ihre fachliche Gleichwertigkeit zu beweisen. Das Ergebnis ist dabei ein diffuses Image, eine Art Zwischenstation zwischen LehrerIn und MentorIn. Dadurch wiederum können schwer realisierbare Erwartungen und Fachrepräsentationen entstehen, wo sich die Lehrenden manchmal unsicher sind, was sie in der Lehre letztlich anbieten sollen.

Da bohrst du oft schon dicke Bretter, weil da kommt auch
Widerstand von den Studenten und auch von den eigenen
Kollegen, dass du eben zu sehr alles zerredest. Da ist es
oft schwer, die richtige Balance zu finden. (I 1, Z. 212-
213)

In den Naturwissenschaften sehen die Lehrenden den gesellschaftlichen Bezug oder das interpretative Element ihrer Lehrleistungen (vor allem in den „unteren Regionen der Studien") kaum als Möglichkeit. Sie müssen

Fakten, Abläufe und Formalia unterrichten, wobei die eigene Lebenswelt und die der Studierenden hier keine Rolle spielen.

> *Gut bin ich dann gewesen, wenn die also in der Lage*
> *sind, dass jetzt zu reproduzieren, dass sie wissen, wie sie*
> *die Pumpenbetriebsleistung jetzt rechnen. Das müssen sie*
> *können. (I 14, Z. 98-100)*

4.3 Rahmenbedingungen „guter Lehre"

Was gute Lehre ausmacht, ist für die Befragten auf recht unterschiedlichen Ebenen festgemacht. Dabei zeigt sich in den Interviews, dass die Lehre von der Mehrzahl der befragten Lehrenden vorwiegend als Wissensvermittlung und kaum als Veränderung von Wissensstrukturen bei den Studierenden aufgefasst wird (siehe die Ausführungen zum *kritischen Bewusstsein* vorne). Die Angelegenheit des Lehrenden ist es in diesen Bereichen, vorbestimmte fachliche Inhalte an die Studierenden weiterzugeben. Außerfachliche Perspektiven (z. B. Sozial- oder Handlungskompetenzen) spielen hierbei kaum eine Rolle. Beinahe in allen Aussagen geht es um vier Arten von Variablen, die den Lehrerfolg ausmachen. Einmal sind das wissenschaftsrelevante Aspekte, die die Lehrenden als ExpertInnen auszeichnen und die das System der Universität repräsentieren sollen.

> *Was ich mache ist also schon gebunden an ein wissen-*
> *schaftliches Feld, also in dem Sinne, dass ich meine Erfah-*
> *rungen als Wissenschaftler habe, die mir ja einen anderen*
> *Einblick in die Materie geben, als z. B. andere Lehrer. Das*
> *ist mir wichtig, dass das auch die Studierenden merken.*
> *Wer also bei uns studiert, der hat es mit Wissenschaft zu*
> *tun, ob er will oder nicht. (I 3, Z. 98-101)*

Ich sehe meine Lehre auch schon im Grundstudium als Wissenschaftlerin, auch wenn das dann oft zum Verzweifeln ist, aber ich habe da mein Standing, das kann ich nicht aufgeben. Da würden wir alles etwas verlieren, wenn wir das an der Universität nicht schaffen würden, dass zu transportieren, was wissenschaftliche Lehre ist. (I 4, Z. 108-11)

Zum Zweiten geht es um Fragen der Strukturierung und Klarheit des Stoffes, wozu eindeutige Erklärungen, rhetorische Kompetenz und Kommunikationsstrategien von Lehrenden gehören.

Da braucht man also natürlich viel Geduld und auch ein paar Tricks, dass das funktioniert, weil man muss sich also schon auf die Gruppe auch einstellen und hier klar und präzise sein. Das ist am Anfang eher noch schwierig, aber wenn die Sicherheit da ist, geht das dann schon, dass man die Übersicht behält, wo man hinwill und wie das zu erreichen ist von den Studenten. (I 10, Z. 107-110)

Klarheit ist schon die halbe Miete. Wer muss wann was wie machen. Wenn du das am Anfang gut kommuniziert hast, hast du schon gewonnen. Das ist sicherlich der Schlüssel und das wird bei mir also auch immer besser, weil ich mich auch immer besser abgrenzen kann und dadurch auch klarer werde. (I 19, Z. 121-123)

Als dritte große Gruppe von Bedingungsvariablen wird das Verhalten der Studierenden als wesentlich angesehen.

Es kann doch nicht sein, dass Lehre Mund-zu-Mund-Beatmung ist. Da muss also schon etwas kommen von der anderen Seite, sonst läuft das nicht. Ich versuche die Studierenden also immer wieder darauf aufmerksam zu machen, dass sie etwas zum Lernerfolg beitragen müssen, sonst geht das sicherlich daneben. (I 12, Z. 112-114)

Eine Lehrveranstaltung ist ja nur so gut wie das beidseitig läuft. Da kannst du dir vorne die Haxen ausreißen, wenn das nicht ankommt, ist das trotzdem schlecht. Also muss man schauen, dass die Studierenden sich auch angesprochen fühlen. Was sie dann daraus machen, ist dann wieder ihre Sache. (I 13, Z. 91-93)

Schließlich spielen auch die Rahmenbedingungen der Lehrveranstaltungen eine Rolle.

So wie das jetzt manchmal gelaufen ist, der Kampf um die Seminarplätze, das ist also sehr unglücklich, wenn du in der ersten Einheit nur damit beschäftigt bist, Leute rauszuschmeißen, weil sie auf der Warteliste sind oder sich zu spät angemeldet haben. Also das ist eigentlich für alle nur ein großer Frust, für mich, weil das nicht meine Rolle ist, für die, die drinnen sind, weil sie endlich anfangen wollen, und für die, die rausfliegen, weil sie dann die Türen werfen und Mails schreiben etc. (I 22, Z. 118-122)

Nervig ist auch, wenn die Technik nicht geht oder du so einen Raum hast, wo du die Tische nicht bewegen kannst oder wo du so hinter dem Standmikro hängen musst, damit dich überhaupt wer versteht. Da fühlt man sich dem Ganzen schon irgendwie ausgeliefert. (I 15, Z. 66-68)

In den hier ausschnittartig geschilderten Einschätzungen werden die klassischen Bedingungskonstanten „guter Lehre" erwähnt. Es fällt dabei auf, dass die beschriebenen Lehrprozesse grundsätzlich von der Wissenschaftsseite und nicht von den didaktischen Grundelementen begründet werden. Kaum irgendwo tauchen Lehr- oder Lernzielformulierungen oder Elemente von Lernergebnissicherungen auf, was deutlich zeigt, dass hochschuldidaktische Bemühungen hier kaum greifen. Diese Präferenz ist für die Befragten aus ihren eigenen bisherigen Lern- und beruflichen Sozialisationsprozessen her eindeutig begründbar und im derzeitigen System auch sinnvoll. Das, was die „Ich-Identität" dabei ausmacht, was die Lehrrolle mit Bedeutungsgehalt füllt, ist eine spezifische Kontinuität in der Abarbeitung von Kriterien und Wahrnehmungsgewohnheiten, die sich auf die jeweilige Fachkultur beziehen. Neben dieser institutionell „abgesicherten Minderbewertung" didaktischer Belange kommt hier auch der Umstand zum Tragen, dass bis heute keine umfassende Theorie der Hochschuldidaktik existiert (vgl. u. a. Braun, 2008). Der Hochschuldidaktik fehlt in diesem Sinne eine angemessene und qualitativ anspruchsvolle Lehr-/Lernforschung für Hochschulen. Ohne eine derartige Rückbindung bleibt die Hochschuldidaktik in weiten Teilen zu mechanistisch, und kann kaum strukturell rückgebundene Erkenntnisse über die Dynamik komplexer Unterrichts- und Wissensaneignungsprozesse liefern. Daneben ist auch die Fachdidaktik, also die auf den Inhalt eines Faches abgestimmte und von diesem Inhalt bestimmte Didaktik, ein ausnehmend unentwickeltes Gebiet in der wissenschaftlichen Literatur. Dieser Mangel an strukturellen und theoretischen Hintergrundkonstruktionen was „gute Lehre" im Bereich der Universitäten bedeutet, drückt sich eben auch in der Wertschätzung der Didaktik insgesamt aus (wenngleich es hier z. B. bezüglich der Unterrichtspraxis schon viele beachtliche Ansätze gibt).

Das ist ja toll, was alles in der Didaktik jetzt gemacht wird, vor allem für die Jungen, aber generell wird sich da von oben nicht so schnell etwas ändern, da unterschätzen

wir die Selbstverliebtheit der Professoren, die meinen,
dass sie ja ohnehin ganz toll sind, und wenn über Lehr-
leistungen nur geheim am Gang gesprochen wird, bleibt
das auch alles ungefährlich. Da wird sich nichts ändern.
(I 1, Z. 228-232)

Im Allgemeinen sind sich die Lehrenden einig, dass gute Lehre sich durch folgende Merkmale (in der hier geschilderten Reihenfolge) auszeichnet, worin sich wiederum das Missverhältnis zwischen Lehre und Forschung ausdrückt:

1. Gutes fachliches Grundwissen und spezifische Fachkompetenzen der Lehrenden.

2. „Erfolg" als WissenschafterIn in der Durchführung von eigenen Forschungsvorhaben und die daraus abgeleiteten Effekte in der Lehre (Gegenwarts- und Problembezug, Präsentation neuester Ansätze, Literaturtipps etc.).

3. Motivierte Studierende, die in der Lage sind, die zu bearbeitenden Inhalte auch tatsächlich zu durchdringen.

4. Ausreichende außeruniversitäre Einbindung und Export von fachspezifischem Know-how in die fach- und gesellschaftsrelevanten Zusammenhänge, um solcherart den Studierenden eine Ahnung vom Fach und seiner Bedeutung zu geben.

5. Sozial-, Selbst- und Methodenkompetenzen zur Herstellung eines sinnvollen Lehrauftritts und zur Sicherstellung des Lernerfolgs der Studierenden.

6. Herstellung von erfolgsrelevanten Bezügen zu Studierenden im Sinne von Transparenz und Kooperation in der Lehre (z. B. durch Sprechstunden, kleine Unterstützungsleistungen für Studierende zur Erbringung der Lernziele).

7. Wissen über universitäts- und institutsinterne „Kodifizierungs- und Reglementierungsprozeduren" im Umfeld der Lehre, um

abschätzen zu können, welche Rolle der Lehre zukommt und was hier von den Lehrenden gefordert wird.

Bei näherer berufsbiographischer Betrachtung dieser Statements lässt sich diese Skepsis oder auch Distanz zur Aufwertung der Lehre im Sinne der Forcierung der Hochschuldidaktik durchaus unterschiedlich begründen. Einmal gibt es hier eben immer noch die Auffassung, dass Hochschullehrende eine spezifische Gruppe von Lehrenden sind, die ihr Augenmerk und Handeln vor allem auf Wissenschaftsprozesse zu lenken hätten. Daneben wird betont, dass die bislang bekannten Formen und Konzepte der Hochschuldidaktik zu oft noch rein mechanische Anleitungen zur Unterrichtsgestaltung und -durchführung sind, deren „Hilfe" im Einzelfall hilfreich sein mag, die aber nicht „überschätzt" werden sollte. Für einige KollegInnen müsste die derzeitige Hochschuldidaktik aber über diese „Vermittlungsabsicht" hinausgehen, wenn sie tatsächlich eine Aufwertung der Lehre an der Universität bewirken sollte. Gerade diese Gruppe betont, dass die immer wieder an sie herangetragenen didaktischen Aufforderungen im Sinne eines „shift from teaching to learning" meist nur noch mehr Druck erzeugen als Sicherheit und Klarheit. Sie sehen in den hier geforderten Forderungen nach Selbstständigkeit und Autonomie der Studierenden in manchen curricularen Bedingungen (Stichwort: Vorlesungsorientierung in den Einführungsabschnitten) sehr starre Grenzen gesetzt, da hier mit den vorhandenen Mitteln kaum eine sinnvolle Orientierung der Arbeit an Praxis- bzw. an Forschungsprozessen durchführbar ist.

> *Das höre ich schon seit Jahren, aktive Auseinandersetzung mit den Studieninhalten, und ich habe das auch schon probiert, aber das ist letzten Endes doch ein Wischi-Waschi, wenn ich ein paar Hundert Leute im Hörsaal habe und ich ständig eigenerarbeitete Papiere oder Kleinpro-*

jekte verlange. Das wird also so schnell zum Bumerang,
dass sich da keiner mehr auskennt. (I 16, Z. 41-44).

Das Komischste was ich da selbst im Studium erlebt habe:
Ein Lehrender, 500 Studierende, der Hörsaal voll und der
Lehrende hat also Fragen gestellt und dann das Funkmik-
ro so rumgehen lassen, zur Beteiligung, so von wegen,
wir haben alle dieselben Mittel, und das hat dann immer
drei Minuten gedauert, bis das Mikrophon dort war und
dann hat wer was gesagt und dann ist das Mikrophon
wieder gewandert und es hat kaum noch einer zugehört,
das war also entsetzlich. Meine Haltung ist: Wo es um
Massen geht, muss Klartext gesprochen werden. (I 2, Z.
78-82)

Derartige Ansätze schließen für die Lehrenden nicht nur eine Umgestaltung ihrer Rolle und ihres Selbstverständnisses ein, sondern bedürfen
auch der passenden Lernumgebungen und curricularen Absicherung,
um weder die Lernenden noch die Lehrenden nicht zu überfordern. Gerade im Umgang mit selbstverantwortlichen Räumen sind Studierende
sehr sensibel für die Rahmenbedingungen ihrer zu erbringenden Leistungen.

Das habe ich also oft gemerkt, dass du, kaum öffnest du
eine Türe, viel mehr Argumente bei der Hand haben
musst, als wenn du also „Dienst nach Vorschrift"
machst. Dass ist oft so eine Konsumhaltung von beiden
Seiten. Die Studenten erwarten, dass du das erklärst und
quasi um sie buhlst, dass das was Gescheites ist, was du
jetzt machst, während das Herkömmliche schlucken sie
auch so. Und bei den Lehrenden ist es ähnlich, dass sie
sich das oft nicht antun, weil sie dann auch noch die Me-

thode erklären müssen und gegen Widerstand ankämpfen,
den sie vorher gar nicht gehabt haben, (I 6, Z. 48-54)

Diese „Arbeit am Widerstand", die eine wesentliche Bedingung von Bildung ist, wird einerseits aus Gründen der stoffbezogenen „Plansollerreichung", andererseits aber auch deshalb kaum konsequent betrieben, da dafür die notwendigen Unterstützungs- und Entlastungsmöglichkeiten fehlen. Es ist schwer, etwas „auszuprobieren", wenn weder das Curriculum, noch die unmittelbaren Vorgesetzten oder die eigene Qualifikations- und Erfahrungsstruktur dabei einen sicheren Boden bieten kann. Die daraus gewonnen Kenntnisse sind (für Studierende und Lehrende) neben dem Stofferwerb aber letztlich jene Formen von Lernen, die (in der Auseinandersetzung mit spezifischen fachlichen Inhalten) implizit jene Schlüsselkompetenzen erwerben helfen, die Problemlösung in realistischen Kontexten ermöglichen. So großartig in der Entwicklung kompetenzorientierter Curricula die Vorhaben hier auch sein mögen, so zeigt sich in der alltäglichen Arbeit doch oft, wie diese Forderungen durch unflexible bzw. verschulte Curricula und auch durch fehlende Kompetenzen der Lehrenden systematisch unterlaufen werden. In den Schilderungen der Lehrenden wird deutlich sichtbar, wie unterschiedlich sie hier ihre Verantwortlichkeiten in Bezug auf die Lehre bewerten und wie unterschiedlich sie letztlich ihren Spielraum für sich selbst darin sehen. An den Begriffen der Studierendenorientierung oder der Motivation lassen sich die Unterschiede dabei gut aufzeigen. Einmal beschreibt Studierendenorientierung eine Einstellung, „über den Stoff hinaus für Studierende da zu sein", sich auf die Lernwelten der Lernenden einzulassen und sie durch spezifische Aufgabenstellungen und methodische Settings zu unterstützen. Hier werden vor allem kooperative und erfahrungsorientierte Lehr- und Lernformen bevorzugt. Die Lehrenden sind hier viel stärker an teilnehmerInnenorientierten Ansätzen ausgerichtet, weshalb sie sich auch verstärkt um den Aufbau und den planvollen Erhalt der Motivation der Studierenden kümmern. Die oben erwähnten kongruenten Beziehungen zur ökonomischen, sozialen, kulturellen und symbolischen Position der Disziplinen im sozialen Feld gelten auch hier, wenngleich sich die hier treffenden Positionen nicht unbedingt allein fachspezifischen Lehrkulturen zurechnen lassen, da diese auch stark von der Lehrveranstaltungsform, dem Geschlecht und der hierarchischen Stellung abhängen. So führt auch die Dominanz von interpretativen Wissensparadigmen nicht notwendig zu diskursiven, partizipatorischen Lehrkulturen. Obleich hier vor allem geistes- und erziehungswissenschaftliche Zugänge vorherrschen, so sind generell Seminare (und keine großen Vorlesungen) die von Frauen aus dem Mittelbau abgehalten werden, ebenfalls typische Erscheinungsformen dieser Auffassung. Auf der anderen Seite bedeutet Studierendenorientierung die Herstellung einer verlässlichen, wissenszentrierten Ablaufstruktur, innerhalb der der Lehrende und Studierende strukturiert ihren jeweils spezifischen Aufgaben folgen. Hier wiederum dominieren Männer, deren wissenschaftliche Heimat eine verhältnismäßig hohe paradigmatische Einheit aufweist und die universitäre Lehre als eine Unterstützung zur Erarbeitung kumulativen Wissens sehen. Allen gemeinsam ist der grundsätzliche hohe Stellenwert der Forschung gegenüber der Lehre, der sich in den letzten Jahren über verschiedene institutionelle Evaluationsverfahren aufgebaut und verstärkt hat. Dieser „Druck" ist bei den jungen MiterbeiterInnen zwar größer als bei älteren KollegInnen, jedoch sind auch die wissenschaftliche Ausrichtung und deren habituelle Praktiken eindeutig prioritär. So sind auch ältere HochschullehrerInnen meist substanziell auf den Forschungswettbewerb (bzw. die Erstellung von wissenschaftlicher Expertise) bezogen, weil nur dadurch das wesentliche kulturelle und symbolische Kapital innerhalb der universitären Welt aufgebaut werden kann. In diesem Sample zeigen sich aber auch Status-, Geschlechts- oder Generationeneffekte, die grundlegend an die Spezifika wissenschaftlicher Fachkarrieren gebunden bleiben. *Auch wenn man davon ausgeht, dass Frauen ein spezifischer „weiblicher" Lehrhabitus zueigen sein kann, muss auf der anderen Seite beachtet werden, dass der Habitus kontextab-*

hängig ist und sich immer nur in Bezug auf ein konkretes Feld aktualisiert. Im universitären Feld – und dieser Logik kann sich niemand entziehen, der sich auf das Spiel eingelassen hat – geht es immer auch um die Akkumulation des spezifischen Kapitals „wissenschaftliche Reputation". Bei diesem Spiel ist ein „weiblicher" Lehrmodus eher hinderlich, die besseren Trümpfe halten Lehrende mit einem „männlichen" Lehrhabitus in der Hand. Frauen wissen um diese Spielregeln, sie haben mit dem Eintritt in das Spiel dessen Regeln größtenteils akzeptiert, und sie haben aufgrund ihres Status auch die Möglichkeit, sich entgegen geschlechtsbezogenen Rollenerwartungen zu verhalten (Schaeper 2008, S. 208).

Die in diesem Sample geschilderten Strategien sind sich dieser Zuschreibungen und Möglichkeitsräume durchaus bewusst. Daneben spielen aber auch generationenspezifische Faktoren eine Rolle. Haben die „Kämpferinnen" der 80er Jahre des letzten Jahrhunderts die Bedingungen für durchgehende weibliche Karrieren prinzipiell erst geschaffen, so ist das soziale Feld heute weitaus breiter angelegt, wenn es um die wissenschaftssozialisatorischen Bedingungen und Effekte geht. So zeigen sich hier durch die (zumindest formale) Aufwertung der Lehre weibliche Aufstiegsmuster bewusst stärker an lehrbezogenen Aufgaben orientiert. In diesem Sinne ändern sich langsam auch die Strukturen, indem variable Elemente von Hochschuldidaktik (und wenn es auch nur informelle Gespräche über die Lehre sind) neue Räume eröffnen. Hierbei sind z. B. Prozesse des Mentoring oder der Hospitationen wichtig, die durch generelle Förderprogramme unterstützt werden. Nicht dass sich dadurch die Möglichkeiten der Hochschuldidaktik (innerhalb der Karrierepfade) substanziell verändert hätten, aber die dabei angestoßenen Prozesse sind in vielen Einzelfällen doch stark genug, um (zumindest individuell) hilfreich zu sein.

Zusammenfassend sehen die Befragten die Grundbedingungen für universitäres Lehren strukturell in folgendem Schema gebunden. Die hier etikettierten vier Ebenen dienen zur Sichtbarmachung der jeweils kennzeichnenden Habitusformen, die in sich wiederum als Erzeugungsprinzipien von Praktiken (innerhalb der mehrfach schon erwähnten Abhängigkeit von der konkreten Situation) verstanden werden.

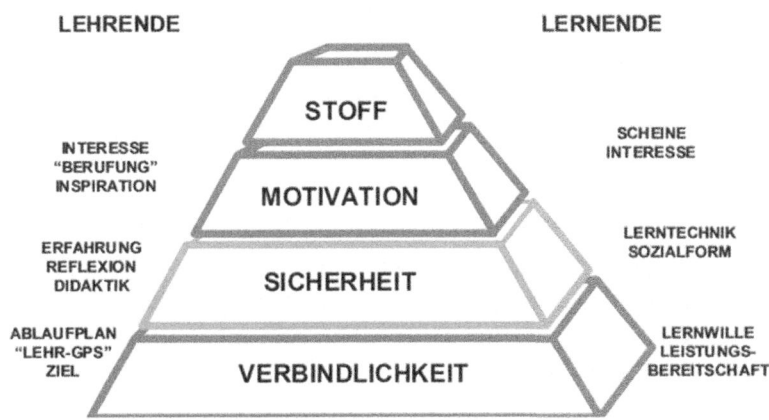

Lernsituationen und ihre Verantwortlichkeiten

LEHRENDE   LERNENDE

INTERESSE "BERUFUNG" INSPIRATION — STOFF — SCHEINE INTERESSE

ERFAHRUNG REFLEXION DIDAKTIK — MOTIVATION — LERNTECHNIK SOZIALFORM

ABLAUFPLAN "LEHR-GPS" ZIEL — SICHERHEIT — LERNWILLE LEISTUNGS-BEREITSCHAFT

VERBINDLICHKEIT

Die Herstellung von Verbindlichkeit

- Als Fundament jeglicher Lehrbestrebungen wird die Herstellung von Verbindlichkeit betrachtet. Nur wenn es möglich ist, dass sich Lehrende und Lernende zumindest grundsätzlich in einem prinzipiell erkennbaren Zusammenhangsmodus begreifen, kann universitäre Lehre auch tatsächlich ihre Funktionen erfüllen. Anders als im schulischen Kontext wird hier darauf hingewiesen, dass der Zwangscharakter von Beschulung und die daraus entstehenden Übertragungsphänomene (autoritätsbezogen, funktional oder auch persönlich) in der Universität im Allgemeinen keine Rolle spielen. Hier stehen sich erwachsene Menschen gegenüber, deren vorrangige Aufgabe die

137

Herstellung und Anwendung von Wissensbezügen ist. Lehrende haben deshalb hier den Auftrag, durch eine möglichst klare und eindeutige Strukturierung ihrer Lehrveranstaltung die zu erbringenden Leistungen der Studierenden zu bestimmen, zu unterstützen und zu bewerten. Dafür sind ein Rahmen- und ein Ablaufplan der einzelnen Stationen, Inhalte und Bewertungsschritte notwendig. Lehrende müssen all die hier erforderlichen Punkte eindeutig kommunizieren und den Studierenden zeitnahe Rückmeldungen über die bislang erbrachten Leistungen geben. Dazu wird in einem Interview das Bild eines „Lehr-GPS" verwendet, das in der Lage ist, die zurückgelegte Wegstrecke und die noch zu leistenden Aufgaben zu bestimmen. Dies kann nach Ansicht der Befragten in Seminaren oder Übungen durch die Bewertung mehrerer Arbeitsaufträge über ein Semester erfolgen, wobei klar sein sollte, welchen Stellenwert die einzelnen Arbeitsschritte für die Endnote haben. In größeren vorlesungszentrierten Lehrveranstaltungen sollte hier diese Verbindlichkeit durch Zwischenklausuren oder durch über eine intervallmäßige konkrete Wiederholung des Stoffes in Hinblick auf die Abschlussprüfung erfolgen.

- Für die Lernenden beinhaltet die Herstellung von Verbindlichkeit ebenfalls eine Basisbedingung jedes Studiums. Diese wird von den Lehrenden darin gesehen, dass für die Erledigung der beabsichtigten Arbeiten ein fundamentaler Lernwille, eine erwachsenengerechte Form der Leistungsbereitschaft unumgänglich ist. Jede hochschuldidaktische Bemühung endet für die Lehrenden dort, wo sie diese Lernbereitschaft nicht voraussetzen können.

Die Konstruktion von Sicherheit

- Aufbauend auf Formen einer verbindlichen Lehr- und Lernstruktur wird in den Interviews immer wieder darauf hingewiesen, dass sich Lehrende, sowohl in fachlicher als auch in didaktischer Hinsicht, eigene Formen eines sicheren „Standings" erwerben müssen. Dabei spielen in erster Linie forschungsspezifische Elemente eine entscheidende Rolle. Die Aufschichtung von Fach- und Erfahrungswissen benötigt hier für die Lehrenden genügend Raum und Zeit zur Definition und Abklärung der Erwartungen und Aktivitäten in Hinblick auf die eigene Karriere. Besonderes der Bereich des Aufbaus von „Feldwissen" an der Arbeitsstelle und die Sichtbarkeit im Wissenschaftsbetrieb spielen eine fundamental wichtige Rolle für eine sichere und zufriedenstellende Science-Teaching-Balance. Darüber helfen didaktisches Wissen und Lehrstrategien, um die Möglichkeiten und auch die Grenzen von Lehre zu begreifen. Ziele der Hochschuldidaktik sind hier das Sichtbarmachen der nötigen Handlungsschritte für eine erfolgreiche Lehre, die Definition der eigenen Erwartungen und der Ressourcen und Potentiale, aber auch das Erkennen institutioneller, struktureller und individueller Hindernisse.

- Von den Lernenden wird hier vorausgesetzt, dass sie sich ihre Formen der Sicherheit durch eine individuelle Standortbestimmung, die biografische Verortung ihres Studiums und deren potentiellen Berufsmöglichkeiten zumindest partiell schaffen können. Das Erkennen der eigenen Ressourcen und Potentiale ist dabei aber nur eine geforderte Bedingung. Konkret fordern die Lehrenden hier auch das Vorhandensein (bzw. die Entwicklung) von unterstützenden Lerntechniken, die die Studierenden in die Lage versetzen, akademischen Standards in der Bewältigung ihrer Lernaufgaben zu entsprechen. Dazu gehören für sie vor allem kognitive und allgemeinbildende Kompetenzen, aber auch spezifische Sozialformen universitären Lehrens, die sich in der Integration von Lese- und oder Lerngruppen ausdrücken.

Die Frage der Motivation

- Ein vielfach diskutierter Punkt ist auch die Frage nach dem Zustandekommen bzw. der Verantwortung für ein motivationsgesättigtes Lehrgeschehen. Hier lassen sich grundsätzlich zwei Haltungen erkennen. Die Erste geht in die Richtung, dass Lehre durch eine Vielzahl unterschiedlicher Handlungen geprägt ist, die auf heterogene Studierendenlagen treffen. Daraus ergibt sich für diese Gruppe, dass sich durch das von Studierenden gewählte Fach und durch das spürbare Interesse daran sich der Lehrende jegliche zusätzliche Motivation (im Sinne von Überzeugungsarbeit) erspart. Ist die „Berufung" der Lehrenden nur deutlich genug zu bemerken, werden hier prinzipiell habituell fachspezifische Muster reproduziert, die die vorhandenen Motivlagen der Studierenden verstärken. Sind diese Motivlagen nicht vorhanden, dann helfen auch alle Motivationsschübe nichts, weil keinerlei Bezug zum Thema gegeben ist. Diese Vorstellungen werden vielfach in Zweifel gezogen, weil Lehrende durchaus die Erfahrung gemacht haben, dass Anreizstrukturen motivationaler Art durchaus positive Effekte in Hinblick auf die Übernahme von Eigenverantwortung und den Lernerfolg haben. Motivationale Effekte werden hier vor allem durch die Forcierung unterschiedlicher Kooperationsbeziehungen (Beteiligungsangeboten, Diskussionen etc.) zu erzielen versucht. Die Übernahme von derartigen Aufgaben hat durchaus einen geschlechtsspezifischen (weiblichen) Hintergrund, ist aber auch in fachspezifischen Lehrkulturen verwoben.
- Die Motivation der Studierenden wird (trotz der oben formulierten hohen Ansprüche) sehr pragmatisch gesehen. Das Grundinteresse am Studium wird zwar als unumgänglich eingefordert, jedoch wird pragmatisch das Interesse an den erforderlichen „Scheinen" als die härteste Währung in der Motivation der Studierendenwelt gesehen.

Erst auf der Grundlage dieser sich einander bedingenden Bedeutungs-
ebenen wird der tatsächliche „Stoff" der Lehrveranstaltungen zum Inhalt
der Bemühungen. Diese Sichtweise bedeutet auch, dass eine auf rein
fachspezifische oder aber auch auf pädagogische Bezüge beschränkte
Hochschuldidaktik hier als zu kleinräumig angesehen wird.

5. Fazit und Ausblick

*Die Ausgangspunkte dafür sind dann
womöglich an anderen Stellen zu suchen
(...) also vielleicht nicht in direktem An-
oder Zugriff auf Verbesserung der Lehre
oder auch der Erhöhung ihres Status.
Sondern etwa in der Selbstreflexion des
Wissenschaftsverständnisses oder des Be-
rufsrollenverständnisses.*

(Huber 1992, S. 98)

Wie jede andere Institution antwortet auch die Institution Universität auf gesellschaftliche Handlungsprobleme und bietet diesbezüglich spezifische Modelle und Antworten für unterschiedliche Lebenspraxen. Das Leitsystem der Wissenschaft zur kulturellen Reproduktion ist dabei der Entwurf und die Methodisierung von Möglichkeiten der Analyse und Aneignung von Welt. In diesem Sinne sind Universitäten weiterhin eine entscheidende Triebfeder der modernen Wissensgesellschaft. Innerhalb dieser Institution wiederum sind es vor allem die Neugierde und die Freude am Entdecken von Zusammenhängen sowie das Vernetzen von Wissen und Menschen, die hierbei den Motor der sozialen und wissenschaftlichen Modernisierung vorantreiben. Menschen, die hier arbeiten, sind in diesem Vorhaben der Suche sehr oft intrinsisch motiviert, indem sie ein persönliches Interesse zum Verständnis dieser Welt antreibt. Diese Wissbegierde ist dabei stets gebunden an ein aufklärerisches Motiv der Selbstermächtigung des entdeckenden Verstandes, aber auch an die Kritik der formalen Normen und Begrenzungen. Dieses Bestreben wird durch die Initiative Einzelner vorangetrieben, kann aber erst durch die kollegiale Praxis der community of scientists abgesichert und wertvoll gemacht werden. Dieses Vorgehen der Bezogenheit von Einzelleistung und Gemeinschaft, von vorläufig begründetem Wissen und Zweifel, von Denken und Handeln, aber auch von Wissenschaft und Gesellschaft muss erlernt werden, bedarf der systematischen Ausbildung innerhalb eines akademischen Habitus. Neben dieser wissenschaftsimmanenten Perspektive ist aber auch die zweite große Ebene der Universität, die Lehre besonders wichtig, da hier zum einen die Weitergabe des hervorgebrachten Wissens, zum anderen aber auch die Pflege und Entwicklung der für den Fortgang der Welt und der Wissenschaft so wertvollen Neugierde auch gesellschaftlich und kommunikativ begründet sind. Treten diese Elemente der Bezogenheit von Lehrenden und Lernenden, von Wissen und der Kritik desselben in den Hintergrund, weichen sie einer einzig pragmatischen oder strategischen Ausrichtung, die als karriererelevant eingestuft wird, so fehlt hier ein essentieller Baustein universitären Bemühens um die Verständlichkeit der Welt. Genauso schädlich wie das Zurechtbasteln von Publikationen und Forschungsarbeiten einzig zu „Zielen" individueller Werbekampagnen, ist die Abwertung der Lehre als lästiges Anhängsel der Forschungsqualifikation. Das Spannungsfeld, in dem sich die Universität als Bildungs- und Wissenschaftsinstitution befindet, findet aber nicht nur in der Gegenwart, nur im Moment statt. Die offensichtlichen Umgestaltungen sind unübersehbar, aber sie sind nicht das Wesen oder der Kern von Universität. Eine nur temporäre Bezogenheit auf momentane Veränderungen oder Befindlichkeiten verliert deshalb allzu schnell die großen Bögen aus den Augen, übersieht viele wichtige Bezüge universitärer Arbeit in Hinblick auf die Gesellschaft und deren Subsysteme, der der Politik, der Wirtschaft, der „Idee vom guten Leben" usw. Gerade in Zeiten globalisierter Vorgänge sind es ja zumeist nicht nur die neuen, sondern auch die alten Probleme, mit denen sich Bildung und Wissenschaft auseinandersetzen muss. Es sind die Fragen nach den mündigen BürgerInnen, den Zielen und Werten unserer Gesellschaft, der Anreicherung unserer Welt mit Wissen und Fertigkeiten und den sich daraus ergebenden Konsequenzen. Gerade hier sollte nicht übersehen werden, dass Universitäten (ob sie es wollen oder nicht) sich auch an derart dauerhaften Fragen abarbeiten müssen, denn die Hoffnung auf mündige ForscherInnen, Lehrende und Studierende trägt weit über die Welle der aktuellen Aufgeregtheiten und Wirtschaftsdaten hinaus. Universitäten dürfen diese Art von Fragen nicht vergessen, sonst unterfordern sie ihre MitarbeiterInnen, missbrauchen ihre Studierenden und verschwenden ihre Ressourcen. Einzig ein Durchlauferhitzer für studentischen und technologischen Output zu sein, wäre ein großer Verlust.

Es ist aber auch offensichtlich, dass eine aktiv wahrgenommene gesellschaftspolitische Perspektive sehr voraussetzungsvoll ist. Dies gilt sowohl für die Forschung als auch für die Lehre. Die hier für die Lehre untersuchten Wirkverhältnisse zeigen dabei recht unterschiedliche Deutungsmuster, wie Tätigkeiten des inspirierenden und forschenden Lehrens angestrebt (aber nicht logisch erzwungen) werden können. Es gab kaum WissenschafterInnen, die im Gespräch nicht beteuerten, dass es für alle wesentlichen Tätigkeiten an der Universität zu wenig Zeit und auch zu wenig Freiraum gäbe, aber ein großer Teil hält dies gleichzeitig für ein eisernes Gesetz der wirtschaftsdominierten und medialen Moderne, dem sich die Universität nicht entziehen kann. Trotzdem halten beinahe alle ihren Arbeitsplatz für etwas Privilegiertes, für einen außergewöhnlichen Ort der systematischen Bezugnahme von eigener Entwicklung und allgemeinem Fortschritt. Die Universitätsentwicklung wird in diesem Sinne als in Veränderung wahrgenommen, die durchaus auch viele Chancen beinhaltet: die verstärkten Momente weiblicher Präsenz im universitären Alltag und deren innovative Versuche, neue Work-Life-Balance-Modelle zu entwickeln; die mannigfaltigen technologischen Möglichkeiten und deren soziale Bindungen in neuen Kooperationsformen; die im Wachsen begriffenen trans-, inter- und intradisziplinären Projekte mit ihren erst zu findenden Beobachtungssprachen und -aufgaben, die es erlauben, anders in die Tiefe zu gehen, alternative Geschichten über diese Welt erzählen und Hintergründe zu beleuchten. So sehr die Befragten vom hohen Ethos der Wissenschaft überzeugt sind, so unterschiedlich sind hier aber ihre Wege, diese Aspekte in die Lehre übertragen zu können. In den hier geschilderten berufsbiographischen Zugängen zum universitären Lehrberuf zeigte sich immer wieder, wie die einzelnen subjektiven Erfahrungen und deren Deutungen stets auf institutionelle und gesellschaftliche Verhältnisse bezogen bleiben. Dabei wirken sich eben die Fokussierung der universitären Berufsbezüge auf kompetitive Forschungs- und Drittmittelbezüge in der Forschung, der Primat der Fachkulturen und die Unterentwickeltheit (bzw. kaum offensiv vertretene Rolle) der Hochschuldidaktik behindernd auf einen Zuwachs der Bedeutungsgehalte der Lehre aus. Der Ausbau von institutionell abgesicherten Lehrentwicklungen und auch des individuellen Lehrhandelns finden ihre Begrenzung meist recht bald innerhalb konkreter Machtverhältnisse, Berufskarrieren und sozialer Normen. Diesbezüglich scheint es heute unabweislich, dass für den Umfang und das Profil der hochschuldidaktischen Aktivitäten von Universitäten vor allem jene Formen der „institutional policy" ausschlaggebend sind, die die Leistungen nach den messbaren Parametern und den daraus abgeleiteten institutionellen Vorgaben ausrichten. Diesbezüglich spielen die Elemente der Forschungsevaluation und der dazu vorgelagert erhobenen Ziel- und Leistungsgrößen die entscheidende Rolle. Anhand dieser Einflüsse wird die organisationale Identität („das Profil") der Universitäten, der Fakultäten und Institute ausgerichtet. Eine aktive Universitätsentwicklungspolitik geht innerhalb dieser weitgehend regulierten Strukturen vor sich. Die dabei eingeschlagenen Wege der institutionellen Differenzierung bestimmen jene Rankings und Bezugspunkte in der Scientific Community, die vermehrt darüber bestimmen, wie eine Hochschule mit finanziellem, kulturellem und sozialem Kapital ausgestattet wird. So dynamisch die davon betroffenen Institutionen ihre internen und externen Bezüge hier auch im Wissenschaftssystem herstellen können, so passiv und strukturkonservativ kommen die dabei erzeugten Effekte in der Lehre an. Dies scheint unter den Bedingungen der derzeitigen Massenuniversitäten ein fundamental immanentes Dilemma zu sein, das sich in den Studiengängen, aber verschärft noch im Bereich der Aus- und Weiterbildung des wissenschaftlichen Lehrnachwuchspersonals zeigt. Und zwar in der immer wieder auftauchenden inhärenten Spannung zwischen der Forschungs- und der Lehrleistung, zwischen dem eigenen Hervorbringen von Erkenntnis und der Entwicklung eines Vermittlungs- und Beziehungssystems zur Kommunikation des Wissens in der Lehre. Alle universitär Lehrenden begreifen sich (zumindest solange sie hier keine tragfähigen Routinen dafür entwickelt haben) in diesem Spannungsfeld wieder. Für neu eintretende Personen birgt sie besonders viele Wagnisse, denn sie müssen an den gewohnten Bahnen des eigenen unmittelbaren Umfelds festhalten, um sich nicht in ein wissenschaftliches Abseits zu begeben, und sollten doch Raum für Erkundungen eigener Fragestellungen und Erklärungsversuche in der Lehre bekommen. Sie müssen diesbezüglich zwischen der Skylla der ungeschützten Lehrerkundungspfade und der Charybdis der festgefügten und nachdrücklich verteidigten Strukturen in der Organisation von Hochschulen hindurch. Gerade hier ist die Bereitschaft der Universitätsleitungen von entscheidender Bedeutung, eine offensive Hochschuldidaktikpolitik zu betreiben und die (Weiter-) Bildungsaktivitäten in Bezug auf die Lehre auszubauen. Dazu bedarf es vor allem förderlicher und unterstützender Rahmenbedingungen, um der systematischen Entwicklung von Lehrkompetenz, als einer zentralen Aufgabe der Universität, Aufmerksamkeit zu verschaffen.

In der Mehrzahl der hier analysierten Interviews wird die Situation einer zielgerechten Entfaltung von Lehrkompetenz allerdings als etwas weitgehend Randständiges beschrieben. Die in allen Institutionen vermehrten Debatten über lebenslanges Lernen werden diesbezüglich kaum auf die Lehre in der Universität übertragen. Existieren zwar durchaus vielfältige Angebote für unterschiedliche Zielgruppen in der Universität, so ist es aus dieser Sicht bisher noch nicht gelungen, die hochschuldidaktische Weiterbildung tatsächlich als dritten, gleichwertigen Pfeiler neben Forschung und Erstausbildung zu verankern. Die Gründe und Ursachen dafür sind schon ausführlich beschrieben worden und liegen sicherlich auch in der erheblichen Überlastung der Lehre insgesamt aufgrund der kontinuierlichen ausdehnenden Nachfrage und einer rückläufigen Personalentwicklung. Ist dieser Überlastungs- und Nachfragedruck zwar zwischen Studienfächern unterschiedlich, so ist das Gesamtsystem Universität derzeit generell von diesen Entwicklungen und den Reaktionen der Lehrenden darauf betroffen. Daneben zeigen die Rahmenbedingungen der hochschuldidaktischen Weiterbildung weiterhin eine eher abwehrende Haltung. Werden von den Universitäten zwar hochschuldidaktische Ausbildungen für neueintretende WissenschafterInnen gestartet, so bleiben diese Aktivitäten aber vielfach nutzlos, da hier KollegInnen davon betroffen sind, die mit kurzfristigen Verträgen bald wieder aus dieser Institution ausscheiden müssen. So sinnvoll die einzelnen Maßnahmen hier auch sind, so sehr werden sie doch auch von dienstrechtlichen Hemmnissen konterkariert. Die Schwierigkeit ist es weiterhin, alle Lehrenden tatsächlich lebenslang mit hochschuldidaktischen Entwicklungs- und Aktivitätspotentialen im Sinne einer „institutional policy" zu erreichen.

Dass sich die Universitäten bis heute mit der Hochschuldidaktik so schwer tun, hat (über die Kapazitäts- und Auslastungsgründe) aber sicherlich auch Motive, die geschichtlich in der Tradition und dem forschungsorientierten Wissenschafts- und Bildungsverständnisses dieser Institution liegen. Hierbei spielen (wie schon mehrfach erwähnt) wissenschaftsinterne Normen der Fachdisziplinen die zentrale Rolle in den Organisations- und Handlungseinheiten, was sich im akademischen Karriere- und Reputationssystem ausdrückt. Weiters liegt dies auch ... *an der ausgeprägten Einheitlichkeit bzw. der geringen Differenzierung des Hochschulsystems und der akademischen Ausbildung – zum Beispiel nach unterschiedlichen Ausbildungszielen, berufspraktischen Anforderungen oder den Voraussetzungen und besonderen Bedürfnissen der Teilnehmer/innen* (Herm/ Koepernik/Leuterer/Richter/Wolter 2003, S. 26). Dieses Argument weist darauf hin, dass für die Lehrenden an der Universität alle Studierenden zu einer Gruppe gehören und dass die Lehre insgesamt das Forschungshandeln der universitär Arbeitenden als wichtigsten Bezugspunkt ansieht. Hierin liegt auch die Ursache der Konflikte zwischen Praxisanforderung und der Wissenschaftsorientierung.

Da die institutionellen Aufgabenzuschreibungen der Universität hierin begründet werden, ist wiederum eine Umgestaltung der universitären Berufsrolle in Hinblick auf eine Aufwertung der Lehre schwierig. Im Gegenteil, sie ist, im Sinne des vorne erwähnten Wissenschaftsprimats für Karrieren rundweg schädlich. Hier wird offensichtlich, dass die Frage der Verankerung und der Zukunft der Hochschuldidaktik auch mit der grundsätzlichen Entwicklung der Organisation und dem Steuerungssystem der Hochschulen verbunden ist. Universitäten sind in diesem Sinne auch als gesellschaftliche Dienstleistungseinrichtung zu sehen, ... *die neben der Wissensproduktion durch Forschung auch eine wesentliche Aufgabe als Institution zur Qualifizierung des Humanpotentials und als Institution des Wissenstransfers unter Einschluss der Weiterbildung hat. Die Akzeptanz der Weiterbildung – nicht nur rhetorisch, sondern durch praktisches Engagement – hängt deshalb auch davon ab, in welchem Maße die deutschen Hochschulen tatsächlich dem Leitbild einer gesellschaftlichen Dienstleistungseinrichtung nachkommen* (Herm/Koepernik/Leuterer/Richter/Wolter 2003, S. 28). Eine solche Ausrichtung kann dabei auch als Instrument zur Förderung und Stärkung der institutionellen Selbstbestimmung der Universitäten gedacht werden. Die imagefördernde Größe einer gestiegenen Lehrkompetenz, die seriöse Qualitätsstandards und Ansprüche gewährleistet, könnte hier sozusagen als ein „Qualitätssiegel" dienen und die faktische Bedeutung der Universität als Lernwelt verstärken. Wenn die Institution ihre Weiterbildungsaktivitäten auch auf sich selbst bezieht, kann eine weitere Facette der „Profiltiefe" im Sinne des lebensbegleitenden Lernens entwickelt werden.

Vielfach sind die Zusammenhänge zwischen dem Ausbau des lebenslangen Lernens, einer Forcierung der Hochschuldidaktik und der Hebung der Lehrkompetenz noch zu programmatisch oder vage in Form allgemeiner Absichtserklärungen, ohne dass tatsächlich auf die evidenten Faktoren und konkreten operativen Konsequenzen hingewiesen wird. Hier gilt es, eine Steigerung der Lehrkompetenz durch Ziel- und Leistungsvereinbarungen zwischen der Universitätsleitung und den einzelnen Fakultäten zu erreichen, damit die traditionellen Aufgabenfelder zu einer innovativen Gleichwertigkeit von Forschung und Lehre führen können. Sollte dies nicht innerhalb konkreter Arbeitsübereinkünfte geschehen, so ist zu befürchten, dass die Bestrebungen, die einzelnen universitären Standorte über Exzellenzinitiativen zu fördern, dahin führen, dass einzig Elemente der Wissenschaftsprofilierung und -differenzierung greifen werden. Die Steigerung der Lehrkompetenz ist (unter den Bedingungen der Massenuniversität) schwer zu überprüfen und innerhalb halbwegs glaubwürdiger Parameter und Kriterien zu stärken.

Grundsätzlich könnte die Implementierung fassbarer hochschuldidaktischer Zielsetzungen ohne Zweifel auch über die Wettbewerbs-, Differenzierungs- oder Profilbildungsschiene zum Erfolg führen, wenn tatsächlich mess- und kommunizierbare Effekte sichtbar gemacht werden können. Es ist allerdings eher anzunehmen, dass der steigende Wettbewerbsdruck alle Universitäten dazu nötigt, sich der Logik der Steigerung der Forschungsleistungen zu unterwerfen. So zeigen die bislang entwickelten leistungs- und/oder indikatorengesteuerten Mittelverteilungssysteme eindeutig in diese Richtung (vgl. Jaeger/Leszczensky/Orr/Schwarzenberger 2005, Nickel/Ziegele 2008). *Legt man sich insgesamt ehrlich Rechenschaft über die Steuerungswirkung im Bereich Grund- und Erfolgsbudget ab, muss eingestanden werden, dass allgemeine hochschulpolitische Ziele hier nicht vorkommen. Das ganze System baut im Wesentlichen auf der Hoffnung auf, dass Wettbewerb an sich zu positiven Wirkungen führt. Denn der Konkurrenzgedanke ist das vorherrschende Prinzip. (…) Das nüchterne Fazit bezüglich der Steuerungswirkung lautet demnach: Es werden massive Anreize gesetzt, die Zahl der Studierenden bis zur anrechnungsfähigen Höchstgrenze zu steigern und es werden Anreize gesetzt, die Drittmitteleinnahmen zu erhöhen* (Reymann 2011, o. S.). Demgemäß sind die bisher praktizierten Formen von Anreizsystemen zur Ankurbelung des hochschuldidaktischen Engagements im derzeitigen Rahmen (sowohl monetär als auch nicht-monetär) als eher reserviert zu bewerten.

Wie immer die neuen (und alten) Herausforderungen in der Hochschullehre innerhalb der einzelnen Institutionen und Fachkulturen auch gestaltet sein werden, alle stehen sie derzeit vor den folgenden Problemen, die hier noch einmal zusammengefasst werden. Als dominierend negativ werden dabei folgende Umstände genannt:

- Die alles überstrahlenden permanenten Wettbewerbssituationen in den wissenschaftlichen Karrieremustern und die widersprüchlichen Botschaften und Anforderungen an die Lehre.
- Die Bedingungen der Massenuniversität mit ihren schlecht strukturierten Studiensituationen und Zielunklarheiten bzw. die daraus resultierenden unklaren Kontroll- und Disziplinierungsmechanismen der Lehrenden.
- Ein hohes Lehr- und Betreuungsdeputat, das die Entwicklung von Lehrkompetenz durch kontinuierliche Reflexion oder kollegialem Austausch verhindert.
- Die Verschulung universitärer Lehrstrukturen und die dadurch zunehmende Verunmöglichung der Rahmenbedingungen einer wissenschaftsspezifischen Lehrkultur.

Als prinzipiell positiv gesehen werden:

- Die Entwicklung und Etablierung neuer innovativer Studiengänge an den Disziplinschnittstellen, die sowohl ein erweitertes Verständnis des eigenen Faches als auch der Lehrkultur mit sich bringen.
- Die Aufwertung der Hochschuldidaktik für junge KollegInnen durch verpflichtende Programme.

5.1 Was Lehrende wirklich brauchen

Auch in dieser Studie zeigt sich, wie groß der Handlungsbedarf auf dem Feld der Lehrkompetenz ist und wie schwierig ein nachhaltiger Bedeutungszuwachs effektiv zu erreichen ist. So vielfältig die einzelnen Anfänge in der Lehre auch sind, so übereinstimmend werden die einzelnen Erfahrungsbasen in der Lehr-, Beratungs- und Prüfungsarbeit doch bestimmt. Orientiert an den eigenen Studienerfahrungen bestimmen die jeweiligen Modi und habitualisierten Praktiken an der unmittelbar betreffenden Wissenschaftseinheit die Aufgabenstellungen. Der Prozess der Perspektivenerweiterung von der Forschungsleistung hin zur Lehrleistung muss deshalb an der Universität allgemein durch eine gezielte Unterstützung und Begleitung der wichtigen AkteurInnengruppen vor Ort erfolgen. Die Lehrenden werden hier quasi strukturell aufgewertet, indem nicht nur ihr Lehrhandeln und ihre Kompetenzen im Mittelpunkt stehen, sondern die Lehr-/Lernkultur insgesamt innerhalb derer Lehr- und Beratungsleistungen erbracht werden.

Von der Universität

* Um eine Aufwertung der Lehre (generell und auch individuell) erreichen zu können, werden von den Befragten verschiedene Weiterbildungsformate vorgeschlagen. Diese beziehen sich sowohl auf konkrete Einstiegsangebote (wie ohnehin an den meisten Universitäten schon vorhanden) als auch auf „niederschwellige, unaufwändige" Veranstaltungen, innerhalb derer konkrete didaktische Hilfestellungen und Entwicklungsmöglichkeiten erarbeitet werden könnten. Die Klärung und Verankerung der Verantwortlichkeiten und Handlungsmöglichkeiten des Hochschul- und Weiterbildungsmanagements ist hinsichtlich der Planung von Weiterbildungsaktivitäten im Bereich der Hochschuldidaktik auf allen Ebenen zu erreichen.

- Darüber hinaus werden alle jene Aktivitäten als sinnvoll eingeschätzt, die, jenseits organisierter Kurse, informelle und non-formale Begegnungs- und Unterstützungsmöglichkeiten im hochschuldidaktischen Kontext (Mentoringprozesse, Peer-Hospitationen etc.) als Lernanlässe und -gelegenheiten anregen und gestalten helfen.
- Hierzu zählen auch hochschulpolitische Themenbereiche, die die Rolle, die Funktion und die Stellung von universitär Lehrenden betreffen. Es besteht hier der dringende Wunsch, Hochschuldidaktik nicht nur aus Sicht der Studierenden zu bewerten, sondern auch anhand der Situation der Lehrenden und bildungspolitischer Paramater zu diskutieren und zu betreiben. Da die Lehre sich nie in einem „luftleeren" sozialen und politischen Raum abspielt, sollte demnach die Universität hochschuldidaktische Bemühungen an hochschulpolitische Bestrebungen knüpfen. Von der Universitätsseite wird gefordert, dass die Wirkungen der Lehre nicht isoliert betrachtet werden dürfen, sondern stets innerhalb der generellen Rahmenbedingungen und der hier wirkenden Faktoren auf die Studienbedingungen zu diskutieren sind. Die Studierendenzufriedenheit muss deshalb mit anderen Erhebungen verbunden werden, um Entwicklungen voranzutreiben. Zufriedenheit alleine kann kein Maß für Verbesserungen sein.
- Als wesentlich in der Aus- und Fortbildung von universitär Lehrenden werden die unmittelbare Erlebnisperspektive und die daraus abgeleiteten metatheoretischen und didaktischen Bezüge bezeichnet. So spielt die kollegiale Fallarbeit, die in einer gewissen konzeptionellen Nähe der Supervision angesiedelt ist, und die auf dem Peer-to-Peer-Prinzip beruht, eine wichtige Rolle (vgl. Gudjons 2003, S. 38–48). Dabei werden (meist problematische) Fälle aus der Alltagspraxis zur Diskussion gestellt und gemeinsam interpretiert. Da die Lehrenden im gemeinsamen Feld der Universität tätig sind, werden sich zwar unterschiedliche Sichtweisen, aber auch kollektiv geteilte Handlungsoptionen daraus ableiten lassen. Hier liegt eine wesentliche

Aufgabe für die Universität, solche Formen der gegenseitigen Unterstützung der Praxis anzuregen und (ohne Kontrolldruck) zu institutionalisieren. Da der Erfolg solcher Maßnahmen von der Qualität der Falldarstellung abhängt, bedarf es einer professionellen Unterstützung, die hierbei keinerlei Auskünfte über das hier bearbeitete Geschehen an die Institution rückmelden darf. Hier wird zaghaft auch gefordert, dass eine hochschuldidaktisch ausgerichtete Lehr- und Lernkultur eines freien Zeitrahmens bedarf. Gerade aber hier sind die Befragten skeptisch, dass diese Lernräume an der Universität tatsächlich systematisch eröffnet und genutzt werden können. Die Entwicklung innovativer Anreizsysteme und von Beratungskompetenz zur Intensivierung von Weiterbildungsaktivitäten im Bereich der Hochschuldidaktik wird dabei als wesentlich angesehen. Dies betrifft auch die systematische und kontinuierliche Bedarfsforschung/ -analyse zur Entwicklung bedarfsgerechter Weiterbildungsangebote im Bereich der Hochschuldidaktik.

- Die Entwicklung von Verfahren zur Qualitätssicherung bzw. zum Qualitätsmanagement in der Feststellung von Lehrkompetenz sowie Maßnahmen zur Erhöhung der Transparenz des Leistungsspektrums der Lehre sind dafür unabdingbar. Dazu muss auch die Sicherstellung des Transfers wissenschaftlicher Innovationen aus der Forschung in die Weiterbildung erfolgen.

- Den gleichen Stellenwert haben die Vorbereitung der WissenschafterInnen auf lebenslange Lernprozesse sowie die Sicherstellung eines Wissensmanagementsystems als kooperatives Projekt von erfahrenen und neuen Lehrenden (im Sinne von Mentoring, Tutoring, etc.).

- Besonders wird auch auf die prekäre Situation von jenen WissenschafterInnen hingewiesen, die innerhalb zeitknapper, aber arbeitsintensiver Verträge kaum Planungssicherheit für ihre weitere Entwicklung haben. Aus diesen misslichen Umständen können hier auch schwerlich hochschuldidaktische Maßnahmen greifen, da der Aufbau von Lehrautorität (wie der von wissenschaftlichem Ansehen)

154

langfristige Perspektiven benötigt. Immer wieder wird in den Interviews betont, wie wichtig der Zusammenhang der konkreten Arbeitsbedingungen mit den hochschuldidaktischen Bemühungen ist.

- Lehrkompetenz muss ein Berufungskriterium sein. Dazu sind analog zu den guten indikatorengestützten Maßstäben für die Bewertung der Qualität von Forschung Qualitätskriterien für die Bewertung der Lehre zu entwickeln. Der Mangel in der Bezugnahme auf Lehrbefähigung darf nicht länger dazu führen, dass das Lernen des Lehrens hinter dem Lernen des Forschens verschwindet.

- Von der Universität wird auch gefordert, dass großes Engagement in der Lehre auch in universitären Karrieren sichtbar gemacht werden sollte. Hier müssten Schnittstellen zum Hochschulmanagement effizienter gestaltet werden, um nicht nur im Falle der Habilitation auf spezifische Lehrgutachten zurückzugreifen. Hier müssten längerfristige und zielbezogene Anreize geschaffen werden, damit die systematische Entwicklung von Kompetenz- und Autonomieerleben als Grundlage für die Motivation ermöglicht werden. Die Kernfrage des wissenschaftlichen Nachwuchses ist dabei die Verlässlichkeit der Berufsperspektive.

- Demgemäß ist die Steigerung der Lehrkompetenz an Universitäten für alle MitarbeiterInnen mittels Zielvereinbarungen in die kontinuierliche Organisations- und Personalentwicklung der Universität einzubinden. Dabei muss der Beitrag zum lebensbegleitenden Lernen und zur internen MitarbeiterInnenfortbildung in Bezug zur „corporate identity" und zur Marketingstrategie Universität hergestellt werden. Die Karriereverläufe der WissenschafterInnen müssen tatsächlich mit Forschung und Lehre verbunden werden. Bildungsaktive Personen bekommen eine spezifische Anerkennung ihrer Leistungen, die sich auch in der Entwicklungsstrategie der Universität und deren Leistungsindikatoren und Ressourcenzuweisung wiederfindet.

- Alle hochschuldidaktischen Abschlüsse sollten auf der Basis entsprechender Vereinbarungen für Masterprogramme anrechenbar sein.

- Der Ausbau von e-learning-Elementen ist im Bereich der Schaffung von Lehrkompetenz sicherzustellen.

Von den unmittelbaren Vorgesetzten

- Hier werden vor allem zielbezogene und entwicklungsfördernde Formen von Wissensmanagement gefordert. Die Lehrenden sehen sich an den jeweiligen Dienststellen, was das Hineinwachsen in die Lehrendenrolle und deren Entwicklung betrifft, meist sehr allein gelassen. Werden die wissenschaftlichen Entwicklungsziele mittlerweile größtenteils durch gebündelte Projektvorhaben zumindest grob diskutiert, so stehen die Belange der Lehre beinahe überall an letzter Stelle der gemeinsam zu bearbeitenden Schritte. Gerade aber im Aufbau eines Lehrendenhabitus sind die unmittelbaren Vorgesetzten und deren (oft nicht einmal explizit formulierten) Wünsche und Ziele an die Lehre wichtige Rückmeldungsquellen. Im Unterschied zu „Neulingen" sehen diese nicht so sehr die manchmal verwirrenden Details von Lehrsituationen, sondern spezifische Anforderungskalküle der Curricula oder charakteristische Situationen und Ereignisse, die sie als Erfahrungsbasen an ihre jungen KollegInnen weitergeben können. In diesem Zusammenhang kann ein spezifisches Lehr- und Wissensmanagement helfen, Sachverhalte zu strukturieren und vorhandenes Wissen auszubauen und anzuwenden.
- Das geforderte Wissensmanagement sollte beinhalten, auch dadurch ergänzt werden, dass von den LeiterInnen der jeweiligen Einheiten sowohl hochschuldidaktische Fortbildungen unterstützt als auch die über Ergebnisse der Bildungsforschung immer wieder kommuniziert werden. Genauso wie es Wissenschaftsbesprechungen gibt, sollte es (zumindest einmal im Jahr) hochschuldidaktische Besprechungen im weitesten Sinne geben.

Von anderen Lehrenden

• Hier geht es vor allem um den kollegialen Austausch und die Unterstützung durch Kommunikation mit Lehrenden über die Erfordernisse und Problemlagen der eigenen Lehre. Die Befragten plädieren hier für eine Form der „kollegialen Wahrnehmung". Damit sind die Begegnungsmöglichkeiten gemeint, innerhalb derer vielfältige Lehrbezüge und Situation im Austausch besprochen werden könnten. Was sich deutlich zeigt, ist eine Zunahme dieser informellen Formen, die aus Sicht der Befragten vor allem auf die zunehmende „Verweiblichung" der Mittelbaustrukturen zurückzuführen ist.

Von der Scientific Community

• WissenschafterInnen, die didaktische und pädagogische Überlegungen ernst nehmen, sehen auch die Rituale in Scientific Community skeptisch. Besonders die Ausrichtung vieler Tagungen und Kongresse sind aus dieser Sicht desaströse Entwicklungen, weil hier gerade der Austausch unter ForscherInnen in einen Kontext gestellt wird, der höchst ineffizient und lernfeindlich ist. Das Durchpeitschen von 20 Minuten-Beiträgen, die schlechte didaktische Aufbereitung der Darbietungen oder die oft mangelhafte sprachliche Ausdrucksfähigkeit (besonders bei einem Vortrag in einer Fremdsprache) machen derartige Großveranstaltungen oft zu einem pädagogischen Desaster. Dies sehen die Befragten wiederum dadurch verstärkt, dass die einzelnen Tätigkeitsberichte immer stärker auf Kongressteilnahmen abstellen und sich WissenschafterInnen stets darum bemühen müssen, ständig mit Vorträgen präsent zu sein. Dass hier sowohl inhaltlich als auch methodisch kaum Neues präsentiert werden kann, liegt dabei auf der Hand. Aus wissenschaftsdidaktischer Sicht gilt es verstärkt darauf zu achten, dass sich Organisationsformen entwickeln, die die

Bedeutung der Hochschuldidaktik nicht negieren, sondern diese auch noch stärken können.

Von sich selbst

- Ein didaktisches kontextsensitives und methodisches Fachwissen ist für alle Befragten stets nur innerhalb der konkreten universitären Rahmenbedingungen zu entwickeln. Gleichwohl bedarf es aber einer individuellen Einstellung, um genügend Kontext-Sensitivität gegenüber den professionsspezifischen Kontexten, den studentischen Problembereichen und den Möglichkeiten einer letztlich nicht klar fassbaren pädagogischen Wirklichkeit im Auge zu behalten und zu fördern. Hier fordern sie selbst einen (im Wissenschaftsalltag oft verschütteten) Willen, sich auf diese Ebenen einzulassen, wohlwissend, dass diese Aufgaben eher wenig zur universitären Karriere beitragen.
- Dabei zeigt sich immer wieder, dass Lehrende an Universitäten sich vor allem durch Eigenmotivation auszeichnen und dass strukturelle Rahmenbedingungen dadurch eine wesentliche Rolle spielen. So werden (vor allem im Bereich der Lehre) jene Beeinflussungsfaktoren als wenig hilfreich angesehen, die die eigenen Freiheitsgrade beschneiden und als Zwang erlebt werden. Eine „hochschuldidaktische Beglückung" aller wird deshalb auch von einem Teil der Befragten als Kontrolle bewertet, die wiederum demotivierend wirkt und zu Ausweichstrategien führt. Auch finanzielle Anreize wirken kaum, wenn der organisationale Rahmen nicht passt.
- Wichtig ist hier allen Befragten, dass es die Möglichkeit gibt, die eigene Person einzubringen, um die als subjektiv empfundenen Stärken und Schwächen berücksichtigen zu können. Die befragten Lehrenden betonen deshalb auch, dass für sie hochschuldidaktische Kompetenzen nicht aus dem Einüben von rasch sich verändernden Problemlösungen bestehen, sondern dass es vielmehr darum geht, Formen des Problemlösens selbst zu trainieren und daraus Möglich-

keiten für eine professionelle universitäre Lehridentität zu gewinnen. Dazu eignen sich (neben der permanenten Erweiterung von Methodensettings und Lehrszenarien) vor allem jene reflexiven Prozesse, die eng an die eigene Lehrwirklichkeit gekoppelt sind, wie Mentoring- oder Coachingerfahrungen. Hier wird Lernen am konkreten Fall mit der Reflexion der eigenen Haltung verknüpft, um eine erfahrungsgesättigte praktische Grundlage für die eigene Lehre und um ein emanzipatorisches Verhältnis von Wissenschaft und gesellschaftlicher Praxis und damit auch um eine kontextsensitive Bestimmung der Verhältnisse von Forschen und Lehren zu erreichen.

Ziel all dieser Bemühungen sollte es sein, die EntscheidungsträgerInnen und auch die Lehrenden in den Universitäten dabei zu unterstützen bzw. sie zu motivieren, ein strategisches Konzept zur Förderung der wissenschaftlichen Lehrkompetenz zu implementieren. Auf der Arbeitsebene der Universitätsleitung, der Fakultäten/Fachbereiche und Institute müssten hier verpflichtende Entwicklungskonzepte erstellt werden, die den einzelnen Lehrenden helfen, ihr besonderes Lehrprofil zu entfalten. Nur aus einer Zusammenschau dieser Perspektiven kann die Exzellenz der Lehre längerfristig für das geistige Selbstverständnis der Universitäten in einer auch weiterhin kompetitiven und seriösen Wissenschaftswelt sichergestellt werden.

Literatur

Adomßent, M./Albrecht, P./Barth, M./Burandt, S./Franz-Balsen, A./ Godemann, J./Rieckmann, M. (2007): Sustainable University – eine Bestandsaufnahme. [http://www.leuphana.de/fileadmin/user_upload/Forschungseinrich tungen/infu/files/pdf/infu-reihe/34_07.pdf] (31. 8. 2011)

Alheit, P./Dausien, B. (2002): Bildungsprozesse über die Lebensspanne und lebenslanges Lernen. In: Tippelt, R. (Hg.): Handbuch Bildungs- forschung. Opladen, S. 565-585.

Alheit, P. (2000): Am Schnittpunkt zweier „Lebenswelten": Biographische Strategien von „Non-traditional students" beim Übergang in die Universität. [http://www.ibl.uni-bremen.de/publik/vortraege/200001 pa.html] (1. 8. 2006).

Alheit, P. (2006): Neugier, Beobachtung, Praxis – Forschendes Lernen als Methode erziehungswissenschaftlichen Studierens. [http://www. uni-bielefeld.de/Universitaet/Einrichtungen/Fakultaeten/Paedago gik/fobika/tagungen/erfahrung-methode/eroeffnungsvortrag.html] (29.9.2011).

Altbach, P. G. (2004): Globalization and the University: Myths and Reali- ties in an Unequal World. In: Tertiary Education and Management 1/2004. [http://www.pef.uni-lj.si/ceps/dejavnosti/sp/2011-06-02/Glo balization.pdf] (10. 08. 2011).

Anderson, L. W./Krathwohl, D. R. et al. (2001): A Taxonomy for learning, teaching, and assessing. A revision of Bloom's taxonomy of educa- tional objectives. New York.

Apel, H.: (2004): Lebenslanges Lernen in der Wissensgesellschaft – Voraussetzungen und Rahmenbedingungen in der Bundesrepublik Deutschland. In: Bundesministerium für Bildung, Wissenschaft und Kultur (Österreich)/Bund-Länder- Kommission für Bildungsplanung und Forschungsförderung (Deutschland)/Schweizerische Konferenz der kantonalen Erziehungsdirektoren (Schweiz) (Hg.): Lebenslanges Lernen in der Wissensgesellschaft. Voraussetzungen und Rahmenbedingungen. Innsbruck, Wien, München, Bozen: Studienverlag, S. 65-88.

ARC/WBW – Austrian Research Centers/Institut für Wirtschafts- und Betriebswissenschaften, Montanuniversität Leoben (2001): Wissensbilanzierung für Universitäten. Auftragsprojekt für das BMBWK. [http://www.weltklasseuni. at/upload/attachments/137.pdf] (31. 8. 2011).

Arnold, R./Schüssler, I. 1998: Wandel der Lernkultur. Ideen und Bausteine für ein lebendiges Lernen. Darmstadt: Wissenschaftliche Buchgesellschaft.

Ash, G.M. (1999): Zum Abschluß: Bedeutet ein Abschied vom Mythos Humboldt eine „Amerikanisierung" der deutschen Universitäten? In: Ders. (Hg.): Mythos Humboldt. Vergangenheit und Zukunft der deutschen Universitäten. Wien, S.253-266.

Askling, B./Henkel, M./Kehm, Barbara M. (2001): Concepts of Knowledge and their Organisation in Universities. In: European journal of education 3/2001, S. 341-350.

Augè, M. (1994): Orte und Nicht-Orte. Vorüberlegungen zu einer Ethnologie der Einsamkeit. Frankfurt a. M.

Austrian Research Centers (o.J.): Wissensbilanz 2003. Wissen schafft Zukunft. Seibersdorf.

Becher, T. (1987): Disciplinary Discourse. In: Studies in Higher Education 12 (1987), H. 3, S. 261-274.

Beerkens, E. (2004): Global Opportunities and Institutional Embeddedness. Higher Education Consortia in Europe and Southeast Asia. Center for Higher Education and Policy Studies (CHEPS). Enschede.

Bender, Justus (2009): Studenten im Punktefieber. [http://www.zeit.de/campus/2009/03/bachelor] (15.4.2009).

Berendt, B. (2000): Was ist gute Hochschullehre? In: Helmke, A./Hornstein, W./Terhart, E. (Hg.): Qualität und Qualitätssicherung im Bildungsbereich: Schule, Sozialpädagogik, Hochschule. 41. Beiheft der Zeitschrift für Pädagogik. Weinheim, S. 247-260.

Berendt, B./Voss, H.P./ Wildt, J. (2002)(Hg.): Neues Handbuch Hochschullehre. Lehren und Lernen effizient gestalten. Stuttgart.

Berthold, C./Güttner, A./Leichsenring, H./Morzick, B. (2011): Studienrelevante Diversität, Kurzbeschreibung einer Methodik und von ermittelten Studierendentypen. [http://www.che-consult.de/QUEST] (5. 1. 2012).

Biffl, G. (2000): Massenuniversität und Veränderungen im Beschäftigungssystem. In: Mitterauer, Lukas/Reiter, Walter (Hg.): Der Arbeitsmarkt für AkademikerInnen in Österreich. Entwicklungen, Probleme, Perspektiven. Wien: Wissenschaftsverlag, S. 23-68.

Binswanger, M. (2010): Sinnlose Wettbewerbe. Warum wir immer mehr Unsinn produzieren. Herder Verlag, Freiburg.

Blancke, S./Roth, Chr./Schmid, J. (2000): Employability („Beschäftigungsfähigkeit") als Herausforderung für den Arbeitsmarkt. Auf dem Weg zur flexiblen Erwerbsgesellschaft. Eine Konzept- und Literaturstudie. Akademie für Technikfolgenabschätzung in Baden-Württemberg. Stuttgart.

Bloch, Roland (2009): Flexible Studierende? Studienreformen und studentische Praxis. Leipzig: Akademische Verlagsanstalt.

Bok, D. (2003): Universities in the Market Place: The Commercialization of Higher Education. Princeton.

Bourdieu, P. (1988): Homo academicus. Frankfurt.

Bourdieu, P. (1989): Antworten auf einige Einwände. In: Eder K. (Hg.): Klassenlage, Lebensstil und kulturelle Praxis. Theoretische und empirische Beiträge zur Auseinandersetzung mit Pierre Bourdieus Klassentheorie. Frankfurt. S. 395-410.

Bourdieu, P. (1998): Vom Gebrauch der Wissenschaft. Für eine klinische Soziologie des wissenschaftlichen Feldes. Konstanz.

Bourdieu, P. (et al.) (1997): Das Elend der Welt. Zeugnisse und Diagnosen alltäglichen Leidens an der Gesellschaft. édition discours, Band 9. Konstanz.

Bourgeois, E. (2002): Zukunftsforschung zur Entwicklung der Beziehungen zwischen Hochschulausbildung und Forschung mit Blick auf den Europäischen Forschungsraum. Amt für amtliche Veröffentlichungen der Europäischen Kommission. Luxemburg.

Braun, D. (2001): Regulierungsmodelle und Machtstrukturen an Universitäten. In: Erhard Stölting, Uwe Schimank (Hg.): Die Krise der Universitäten. Leviathan Sonderheft 20. Wiesbaden, S. 243-262.

Braun, E. (2008). Das Berliner Evaluationsinstrument für selbsteingeschätzte studentische Kompetenzen (BEvaKomp). Göttingen: V&R unipress.

Bretschneider, F./Peer, P. (2005): Handwörterbuch der Hochschulreform. Bielefeld.

Clark, B. R. (1998): Creating Entrepreneurial Universities – Organizational Pathways of Transformation. Oxford/New York.

Coffield, F. (2008): Just suppose teaching and learning became the first priority. London.

Collini, S. (2003): The Future of Higher Education. [http://www.lrb.co.uk/v25/n21/print/coll01_.html] (15.9.2009).

Cordes, M./Dikau, J./Schäfer, E. (Hg.) (2002): Hochschule als Raum lebensumspannender Bildung. Auf dem Weg zu einer neuen Lernkultur. Regensburg.

Cottier, T. (2004): GATS – Aufbruch zu neuen Ufern. In: duz Magazin 12/2004, S. 26.

Daxner, M (2001): Qualitätssicherung. Die Steuerungsrelevanz von Qualitätsorientierung. In: Olbertz, J.-H./Pasternack, P./Kreckel, R. (Hg.): Qualität – Schlüsselfrage der Hochschulreform, Weinheim/Basel, S. 71-75.

Ditton, H. (2010): Evaluation und Qualitätssicherung. In: Tippelt Rudolf/Schmidt, B. (Hg.): Handbuch Bildungsforschung. Wiesbaden, S. 607-623.

Donoghue, F. (2008): The Last Professors. The Corporate University and the Fate of the Humanities. New York.

Dress, A./Firnhaber, E./Hentig, H. v./Storbeck, D. (Hg.) (1992): Die humane Universität. Bielefeld 1969-1992. Bielefeld.

Egger, R. (1995): Biografie und Bildungsrelevanz. Eine empirische Studie über Prozessstrukturen moderner Bildungsbiografien. Wien/ München.

Egger, R. (2002): Zur Reduzierung der Welt durch die Zerstörung des Bildungsauftrages an den Universitäten. In: Bundeskonferenz des wissenschaftlichen und künstlerischen Personals der österreichischen Universitäten, 1/2002, S. 23f.

Egger, R. (2006): Gesellschaft mit beschränkter Bildung. Eine empirische Studie zur sozialen Erreichbarkeit und zum individuellen Nutzen von Lernprozessen. Graz.

Enders, J. (2006): "The Academic Profession". In: Forest, J./Altbach, P. G. (Hg.): International Handbook of Higher Education, Bd. 1, New York: Springer, S. 5 – 21.

Enders, J./Teichler, U. (1995): Der Hochschullehrerberuf im internationalen Vergleich. Ergebnisse einer Befragung über die wissenschaftliche Profession in 13 Ländern. Bonn: Bundesministerium für Bildung, Wissenschaft, Forschung und Technologie.

Espeland, Wendy N./ Sauder, Michael (2007): "Rankings and Reactivity. How Public Measures Recreate Social Worlds". In: American Journal of Sociology, 1/2007, 1-40.

Estermann, Th./ Bennetot Pruvot, E. (Hg.) (2011): Financially Sustainable Universities II European universities diversifying income streams. European University Association, Brussels.

Fangmann, H. (2006). Hochschulsteuerung in Nordrhein-Westfalen: Strukturen und Instrumente, Sachstand und Perspektiven. Beiträge zur Hochschulforschung, 1/2006, S. 54-65. IHF München.

Faulstich, P./Ludwig, J. (Hg.) (2004): Expansives Lernen. Hohengehren.

Fischer-Lescano, A. (2012): Guttenberg oder der „Sieg der Wissenschaft"? In: Blätter für deutsche und internationale Politik, 2/2012. [http://www.blaetter.de/archiv/jahrgaenge/2012/februar/guttenberg-oder-der-%E2%80%9Esieg-der-wissenschaft%E2%80%9C?print] (27. 3. 2012).

Flender, J. (2004): Optimierung ja – Weiterbildung nein? Zur Motivation von Lehrenden, ihre Lehre zu verbessern. In: Das Hochschulwesen 1/2004, S. 19-24.

Forneck, H. J. (2004): Randgänge des Lernens – Eine Lerntheorie jenseits des Subjekts? In: Faulstich, P./ Ludwig, J. (Hg.), S. 246 – 255.

Franke, G. (2005): Facetten der Kompetenzentwicklung. Bielefeld: Bertelsmann.

Fritz, Th. (2002): Die Bewertung der GATS-Verhandlungen in Rahmen der Wissensgesellschaft. Gutachten im Auftrag der Enquete-Kommission „Globalisierung der Weltwirtschaft – Herausforderungen und Antworten". Berlin.

Fritz, Th./Scherrer, Chr. (2002): GATS: Zu wessen Diensten? Öffentliche Aufgaben unter Globalisierungsdruck. Hamburg.

Gerstenmaier, J./Mandl, H. (2001): Methodologie und Empirie zum Situierten Lernen. (Forschungsberichte des Lehrstuhls für Empirische Pädagogik und Pädagogische Psychologie; 137). München.

Gieseke, W. (2001): Lernkulturen in der Erwachsenenbildung und neue Anforderungen. In: Meyer, H. H. (Hg.): Weiterbildung: Teilhabe am Wissen der Gesellschaft. Kontextsteuerung und Engagement. München.

Gieseke, W. (Hg.) (2000): Programmplanung als Bildungsmanagement? Qualitative Studie in Perspektivverschränkung. Begleituntersuchung des Modellversuchs „Entwicklung und Erprobung eines Berufseinführungskonzepts für hauptberufliche Erwachsenenbilder/innen". Recklinghausen.

Gieseke, W. (Hg.) (2003): Institutionelle Innensichten der Weiterbildung. Bielefeld.

Gieseke, W./Opelt, K. (2003): Erwachsenenbildung in politischen Umbrüchen. Programmforschung Volkshochschule Dresden 1945 – 1997. Opladen.

Gregersen, J. (2011): hochschule@zukunft 2030 Ergebnisse und Diskussionen des Hochschuldelphis. Wiesbaden.

Gruschka, A. (2002): Didaktik – Das Kreuz mit der Vermittlung. Elf Einsprüche gegen den didaktischen Betrieb. Wetzlar.

Gudjons, H (2003): Berufsbezogene Selbsterfahrung durch Fallbesprechungen in Gruppen. In: Spielbuch Interaktionserziehung, S. 38 - 48, Bad Heilbrunn.

Güttner, A. (2011): Change Management und Diversität: Wie kommt ein neues Bewusstsein in die Hochschule? In: Zeitschrift für Hochschulentwicklung, Jg. 6 / Nr. 3 (Oktober 2011), S. 28-37.

Hauhorst, C. (2010): „Sie haben uns völlig falsch aufs Studium vorbereitet!" In der Schule hat man ihr gesagt, es sei wichtig, Zusammenhänge zu verstehen - dann kam unsere Autorin an die Universität. Ein Brief an den Lehrer von einst. In: [www.jetzt.de] (19.12.2010).

Heinrich, M. (2001): Alle, alles, allseitig. Studien über die Desensibilisierung gegenüber dem Widerspruch zwischen Sein und Sollen der

Allgemeinbildung. Bd. 8 der Schriftenreihe des Instituts für Pädagogik und Gesellschaft. Wetzlar.

Herm, B./Koepernik, C./Leuterer, V./Richter, K./Wolter, A. (2003): Lebenslanges Lernen und Weiterbildung im deutschen Hochschulsystem – Eine explorative Studie zu den Implementierungsstrategien deutscher Hochschulen. Dresden. [http://www.uni-tuebingen.de/uni/qz6/download/master/Hochschulen-Weiterbildung/Stifter/Studie%20Implementierung.pdf] (20. 2. 2012).

Heuchemer, S./Szczyrba, B. (2011): Studierendenzentrierte Lehre – Von der lehrenden zur lernenden Hochschule. In Benz, W./Kohler, J./Landfried K. (Hg.): Handbuch Qualität in Studium und Lehre. Berlin.

Heuer, U./Botzat, T./Meisel, K. (Hg.) (2001): Neue Lehr- und Lernkulturen in der Weiterbildung. Bielefeld.

Hochschulrektorenkonferenz (2006): Standards und Leitlinien für die Qualitätssicherung im Europaischen Hochschulraum. Bonn.

Hof, C. (2007): Ein empirisch fundierter Vorschlag zur Typisierung von Lernumgebungen. In: Kaiser, A./Kaiser, R./Hohmann, R. (Hg.): Lernertypen, Lernumgebung, Lernerfolg. Erwachsene im Lernfeld. Bielefeld, S. 35–59.

Hof, C. (2007): Ein empirisch fundierter Vorschlag zur Typisierung von Lernumgebungen. In: Kaiser, A./Kaiser, R./Hohmann, R. (Hg.): Lernertypen, Lernumgebung, Lernerfolg. Erwachsene im Lernfeld. Bielefeld, S. 35–59.

Holzkamp, K. (1995): Lernen. Subjektwissenschaftliche Grundlegung, Frankfurt/M., New York: Campus, Studienausgabe, 1. Aufl. 1993.

Huber, L. (1983): Hochschuldidaktik als Theorie der Bildung und Ausbildung. In: Huber, L. (Hg.): Ausbildung und Sozialisation in der Hochschule. Enzyklopädie Erziehungswissenschaft. Bd. 10. Stuttgart.

Huber, L. (1992): Neue Lehrkultur – alte Fachkultur. In: Dress, W. M. et al. Die humane Universität Bielefeld 1969-1992. Festschrift für Karl-Peter Grotemeyer. Bielefeld, S. 95-106.

Huber, L. (1999): An- und Aussichten der Hochschuldidaktik. In: Zeitschrift für Pädagogik 45 (1999), Nr. 1, S. 25-44.

Jaeger, M./Leszczensky, M./Orr, D./Schwarzenberger, A. (2005). Formelgebundene Mittelvergabe und Zielvereinbarungen als Instrumente der Budgetierung an deutschen Universitäten: Ergebnisse einer bundesweiten Befragung. HIS Kurzinformation A13/2005. Hannover.

Janson, K. / Schomburg, H. / Teichler, U. (2007): Wege zur Professur. Qualifizierung und Beschäftigung an Hochschulen in Deutschland und den USA. Münster/New York/München/Berlin.

Kade, J. (2001): Aneignung. In: Arnold, R./Nolda, S./Nuissl, E. (Hg.): Wörterbuch Erwachsenenpädagogik, Bad Heilbrunn/Obb., S. 20.

Kade, J./Seitter, W. (Hg.) (2005): Pädagogische Kommunikation im Strukturwandel. Bielefeld.

Kaiser, A. (Hg.) (2003): Selbstlernkompetenz. Metakognitive Grundlagen selbstregulierten Lernens und ihre praktische Umsetzung. München.

Kaiser, A. (Hrsg.) (2003): Selbstlernkompetenz. München.

Keil, W./Piontkowski, U. (1973): Strukturen und Prozesse im Hochschulunterricht. Weinheim/ Basel.

Klieme, E./Artelt, C./Stanat, P. (2001): Fächerübergreifende Kompetenzen: Konzepte und Indikatoren. In: Weinert, F. E. (Hg.): Leistungsmessungen in Schulen. Weinheim/Basel, S. 203-218.

Knoll, J. (2003). Lernkultur und Kompetenzentwicklung: Für eine Ausweitung eines Blicks auf öffentliches Handeln. In: Weiterlernen – neu gedacht. Erfahrungen und Erkenntnisse. QUEM-report, Heft 78. Berlin, S. 121-128.

Kogan, M./Teichler, U. (Hg.) (2007): Key Challenges to the Academic Profession. (INCHER-Werkstattbericht 65). Paris/Kassel.

Kraul, M./Marotzki, W./Schweppe, C. (Hg.) (2002): Biographie und Profession. Bad Heilbrunn/Obb.

Kreckel, R. (2008): Zwischen universeller Inklusion und neuer Exklusivität. Institutionelle Differenzierungen und Karrieremuster im akademischen Feld: Deutschland im internationalen Vergleich. [http://www.soziologie.uni-halle.de/kreckel/docs/juniorstaff-t-fertig.pdf] (31. 8. 2011).

Kreckel, R. (2004): Vielfalt als Stärke. Anstöße zur Hochschulpolitik und Hochschulforschung. Bonn.

Kreckel, R./Burkhardt, A./Lenhardt, G./Pasternack, P./Stock, M. (2008): Zwischen Promotion und Professur. Das wissenschaftliche Personal der Hochschulen und Forschungseinrichtungen im internationalen Vergleich. Leipzig.

Kreckel, Reinhard (2011): „Die akademische Juniorposition zwischen Beharrung und Reformdruck: Deutschland im Strukturvergleich mit Frankreich, Großbritannien und USA sowie Schweiz und Österreich". [http://www.soziologie.uni-halle.de/kreckel/docs/kre-junpos-q.pdf] (31. 8. 2011).

171

Kröber, E. (2010): Von der Wissensabsonderung zum professionellen Lehrhandeln. Veränderung von Lehrkonzeptionen durch hochschuldidaktische Weiterbildung. In R. Schneider & B. Szczyrba (Hg.), Hochschuldidaktik aufgefächert – vernetzte Hochschulbildung. Berlin, S. 89-101.

Laske, St./Scheytt, T./Meister-Scheytt, C. (2004): Personalentwicklung und universitärer Wandel. Programm – Aufgaben – Gestaltung. München.

Lemke, Th./Krasmann, S./Bröckling, U. (2000): Gouvernementalität, Neoliberalismus und Selbsttechnologien, In: Bröckling, U./Krasmann, S./Lemke, Th. (Hg.): Gouvernementalität der Gegenwart. Frankfurt a.M., S. 7-40.

Lenz, W. (2005): Porträt Weiterbildung Österreich. Bonn.

Leontjev, Aleksej N. (1977): Tätigkeit. Bewußtsein. Persönlichkeit. Stuttgart.

Leszczensky, M./Orr, D. (2004). Staatliche Hochschulfinanzierung durch indikatorgestützte Mittelverteilung. Dokumentation und Analyse der Verfahren in 11 Bundesländern. HIS Kurzinformation A2/2004. Hannover.

Liessmann, K. P. (2006): Theorie der Unbildung. Zsolnay (Wien).

Liessmann, K. P. (1996): Das Symptom als Therapie – oder: Welches Problem löst die Hochschuldidaktik? In: Brinek, B./Schirlbauer, A. (Hg.): Vom Sinn und Unsinn der Hochschuldidaktik. Wien, S. 13-26.

Linde, F. (2009): Qualitätsentwicklung in der Hochschullehre durch Peer-Besuche. In Richthofen, A. v./Lent, M. (Hg.), Qualitätsentwicklung in Studium und Lehre, Bielefeld S. 199-207.

Lischka, I (2006): Entwicklung der Studierwilligkeit. Juli 2006 (HoF-Arbeitsberichte 3'06). Hg. von HoF Wittenberg - Institut für Hochschulforschung an der Martin-Luther-Universität Halle- Wittenberg. Wittenberg 2006.

Lübeck, D. (2010): Wird fachspezifisch unterschiedlich gelehrt? Empirische Befunde zu hochschulischen Lehransätzen in verschiedenen Fachdisziplinen. Zeitschrift für Hochschulentwicklung, 5(2), S. 7-24.

Ludwig, J. (2000): Lernende verstehen. Bielefeld.

Luhmann, N. (1992): Universität als Milieu. Bielefeld.

Markl, H. (2002): Schnee von Gestern. Hubert Markl über die Legende von den zwei Kulturen. Der Spiegel vom 05.08.2002. [http://www.spiegel.de/spiegel/print/d-23740178.html] (10. 08. 2011).

Marotzki, W. (1990): Entwurf einer strukturalen Bildungstheorie. Biographietheoretische Auslegung von Bildungsprozessen in hochkomplexen Gesellschaften. Weinheim.

Marx, K. (1971): Ökonomische Schriften. Band 1, Frühe Schriften Band 1, Darmstadt.

Marx, K. (1974): Grundrisse der Kritik der politischen Ökonomie. Berlin.

Meyer-Drawe, K. (2008). Diskurse des Lernens. München.

Mittelstraß, J. (1996): Stichwort Interdisziplinarität. Europainstitut der Universität Basel. Baseler. Schriften zur europäischen Integration, Nr. 22. Basel.

Mittelstraß, J. (2009): Studienplatzfinanzierung: Voraussetzung einer realistischen Universitätsfinanzierung Workshop der Österreichischen Forschungsgemeinschaft Spitzenqualität, fachliche Breite und

finanzielle Engpässe an Österreichs Universitäten – Gegenwartsbe-
wältigung und Zukunftsgestaltung. [http://www.oefg.at/text/
veranstaltungen/studienplatzfinanzierung/Beitrag_Mittelstrass.pdf]
(21. 7. 2011).

Mittelstraß, J. (1999): Lernkultur – Kultur des Lernens. In: QUEM-Report,
Nr. 60, S. 52f.

Münch, R. (2007): Die akademische Elite. Zur sozialen Konstruktion wissenschaftlicher Exzellenz. Frankfurt a. M.

Münch, R. (2007): Die akademische Elite. Zur sozialwissenschaftlichen
Konstruktion wissenschaftlicher Exzellenz. Frankfurt/Main: Suhr-
kamp.

Münch, R. (2008): Stratifikation durch Evaluation: Mechanismen der
Kontruktion von Statushierarchien in der Forschung. In: Zeitschrift
für Soziologie, Jg. 37, Heft 1, S. 60–80.

Münch, R. (2009): Globale Eliten, lokale Autoritäten. Bildung und Wissenschaft unter dem Regime von PISA, McKinsey & Co., Frankfurt
a. M.

Münst, A. S. (2002): Wissensvermittlung und Geschlechterkonstruktionen
in der Hochschule. Ein ethnographischer Blick auf natur- und inge-
nieurwissenschaftliche Studienfächer. Weinheim, Basel: Beltz.

National Learning Infrastructure Initative (2006): The Horizon Report.
[http://www.his.de/Service/Publikationen/FH/Pdf/Pdf/fh-
200605.pdf] (31. 8. 2011).

Neumann, R./Parry, Sh./Becher, T. (2002): Teaching and Learning in Their
Disciplinary Contexts. A conceptual analysis. In: Studies in Higher
Education 27, 4, S. 405 – 417.

174

Nickel, S./Ziegele, F. (Hg.) (2008): Bilanz und Perspektiven der leistungs-orientierten Mittelverteilung: Analysen zur finanziellen Hochschul-steuerung CHE Arbeitspapier 111.

Nittel, D./Seitter, W. (Hg.) (2003): Die Bildung des Erwachsenen. Erzie-hungs- und Sozialwissenschaftliche Zugänge. Bielefeld.

Nuissl, E. (2006): Vom Lernen zum Lehren: Lern- und Lehrforschung für die Weiterbildung. Bielefeld.

Pasternack,P/Bloch, R./Gellert, C/Hölscher, M./Kreckel, R./Lewin, D./Lischka, I./Schildberg, A. (2006): Die Trends der Hochschulbil-dung und ihre Konsequenzen. Wissenschaftlicher Bericht für das Bundesministerium für Bildung, Wissenschaft und Kultur der Re-publik Österreich. bm:bwk, Wien. [http://www.bmwf.gv.at/uploads/tx_contentbox/studie_trends_hsbildung.pdf] (31. 8. 2011).

Pfaller, Robert (2010): Der Kampf gegen die Fortentwicklung der Univer-sität zur repressiven Attrappe. In: Horst, Johanna-Charlotte (Hg.): Unbedingte Universitäten. Was passiert? Stellungnahmen zur Lage der Universität. Zürich: Diaphanes, S. 51-54.

Queis, D. v. (2002): Lehren und Lernen mit fremden Kulturen. In: Das Hochschulwesen 1/2002, S. 27-31.

Queis, D. v. (2005): Die Qualität der Lehrenden. Das Lehrportfolio als Instrument zur Personalauswahl und Persönlichkeitsentwicklung in der Hochschullehre. In: Benz, W./Kohler, J./Landfried, K. (Hg.): Handbuch Qualität in Studium und Lehre. Evaluation nutzen, Ak-kreditierung sichern, Profil schärfen. Stuttgart, S. E 2.3.

Reisz, R. D./Stock, M. (2007): Inklusion in Hochschulen. Beteiligung an der Hochschulbildung und gesellschaftlichen Entwicklung in Euro-pa und in den USA (1990-2000). Bonn.

175

Reymann, D. (2011): Qualitätssicherung als Voraussetzung für Hochschulautonomie? In: Der hochschulpolitische Blog vom 29. 9. 2011 [http://www.hopo-blog.de/2011/09/qualitatssicherung-als-voraussetzung-fur-hochschulautonomie/] (20. 2. 2012).

Rorty, R. (1989): Kontingenz, Ironie und Solidarität, Frankfurt am Main.

Sauder, M./Espeland, W. N. (2009): The Discipline of Rankings: Tight Coupling and Organizational Change. In: American Sociological Review, 2/2009, S. 63-82.

Schaeper, H. (1997): Lehrkulturen, Lehrhabitus und die Struktur der Universität. Eine empirische Untersuchung fach- und geschlechtsspezifischer Lehrkulturen. Blickpunkt Hochschuldidaktik Bd. 100. Weinheim.

Schaeper, H. (1997): Lehrkulturen, Lehrhabitus und die Struktur der Universität. Eine empirische Untersuchung fach- und geschlechtsspezifischer Lehrkulturen. Weinheim: Deutscher Studien Verlag.

Schaeper, H. (2005): Hochschulbildung und Schlüsselkompetenzen – Der Beitrag der Hochschulforschung zur Evaluation der Qualifizierungsfunktionen und -leistungen von Hochschulen. In: Teichler et al., 209-220.

Schaeper, H. (2008): Lehr-/Lernkulturen und Kompetenzentwicklung: Was Studierende lernen, wie Lehrende lehren und wie beides miteinander zusammenhängt. In: Zimmermann K./Kamphans,M./Metz-Göckel, S. (Hg.): Perspektiven der Hochschulforschung. Wiesbaden, S. 197-214.

Schick, M. (2001): Das Teilzeitstudium ist tot. Es lebe das flexible Studium! Eine Gestaltungsaufgabe für die Hochschulen. In: Beiträge zur Hochschulforschung 3/2001, S. 68-74.

Schiersmann, Chr. (2006): Profile lebenslangen Lernens. Weiterbildungserfahrungen und Lernbereitschaft der Erwerbsbevölkerung. DIE Spezial. Bielefeld.

Schimank, U. (1995): Hochschulforschung im Schatten der Lehre. Frankfurt/M. - New York: Campus.

Schleiermacher, F. (1950): Gelegentliche Gedanken über Universitäten. In: Engel, J. J. (Hg.): Gelegentliche Gedanken über Universitäten, Leipzig, S. 159-257.

Schlutz, E. (Hg.) 1999: Lernkulturen. Frankfurt.

Schulmeister, R. (2002): Zur Komplexität Problemorientierten Lernens. In: Asdonk et al.: S. 185-201.

Schütz, A./ Luckmann, Th. (1979): Strukturen der Lebenswelt. Band 1.- Frankfurt a. M.

Shackleton, J.R. (2003): Opening up Trade in Higher Education. A Role for GATS. In: World Economics 4/2003, S. 55-77.

Shavit, Y./Arum, R./Gamoran, A. (Hg.) (2007): Stratification in Higher Education. A Comparative Study: Stanford University Press: Stanford.

Siebert, H. (2001): Wie lernen Erwachsene? Ergebnisse einer Längsschnittstudie. In: Erwachsenenbildung 47, H. 2, S. 81–85.

Slaughter, Sh./Rhoades, G. (2004): Academic Capitalism and the New Economy. Markets, State and Higher Education. Baltimore und London.

Snow, C. P. (1967): Die zwei Kulturen. Ernst Klett Verlag, Stuttgart.

Stern, E. (2005): Lehr-Lernforschung und Neurowissenschaften. Berlin/Bonn.

Stichweh, Rudolf 2009: Autonomie der Universitäten in Europa und Nordamerika. In: Kaube Jürgen (Hg.): Die Illusion der Exzellenz, Berlin, S. 38-49.

Tagesspiegel vom 24. 2. 2011: 750 000 Euro für die Uni Bayreuth. [http://www.tagesspiegel.de/politik/750-000-euro-fuer-die-uni-bayreuth/3879402.html] (25. 2. 2011).

Teichler, U. (1990): Wissenschaftliche Weiterbildung an Hochschulen. In: AUE (Hg.): Hemmnisse und Desiderata bei der Realisierung wissenschaftlicher Weiterbildung durch die Hochschulen, Hannover, S. 9-17.

Teichler, U. (2003): Hochschule und Arbeitswelt. Konzeptionen, Diskussionen, Trends. Frankfurt a. M. und New York: Campus.

Teichler, U. (2005): Hochschulstrukturen im Umbruch. Eine Bilanz der Reformdynamik seit vier Jahrzehnten. Frankfurt a. M. und New York: Campus.

Teichler, U. (2005): Hochschulsysteme und Hochschulpolitik. Quantitative und strukturelle Dynamiken, Differenzierungen und der Bologna-Prozess. Münster: Waxmann.

Teichler, U. (2007): Die Internationalisierung der Hochschulen. Neue Herausforderungen und Strategien. Frankfurt a. M./New York: Campus .

Teichler, U. (2011): Thesenpapier: Die Zukunft von Qualität an den Hochschulen. Beitrag zur Tagung „Auf dem Weg zur Qualitätskultur" des Arbeitskreises Evaluation und Qualitätssicherung Berliner und Brandenburger Hochschulen, Technische Hochschule Wildau (FH), Wildau, 3.-4. März 2011. [http://www.th-wildau.de/fileadmin/dokumente/tqm/dokumente/Berichte/12._Jahrestagung_Praesentatio nen/Abschlussvortrag_Teichler.pdf] (31. 8. 2011).

Teichler, U./Tippelt, R. (Hg.) (2005): Hochschullandschaft im Wandel. (Zeitschrift für Pädagogik, 50. Beiheft). Weinheim/Basel: Beltz.

Universität Kassel (2009): Empfehlungen zum Umgang mit der Heterogenität in den Lernvoraussetzungen der Studierenden - Abschlussbericht Juni 2009 [http://cms.uni-kassel.de/unicmts/fileadmin/groups/w_430000/Download/Abschlussbericht_AG_Heterogenitaet_2009.pdf] (15. 3. 2012).

Wagner, W. (2003): Reputationsmaschine Hochschule. Zur Strategiebestimmung der Fachhochschulen. In: Die neue Hochschule 6/2003, S. 28-31.

Washburn, J (2005): University, Inc.: The Corporate Corruption of American Higher Education, New York.

Wehr, S./Ertel, H. (Hg.)(2007): Aufbruch in der Hochschullehre. Kompetenzen und Lernende im Zentrum. Beiträge aus der hochschuldidaktischen Praxis. Bern/Stuttgart/Wien.

Weiler H. N. (2009): Bildung im Zeitalter ihrer technischen Reproduzierbarkeit. In: Schlüter A./Strohschneider, P. (Hg.), Bildung? Bildung! – 26 Thesen zur Bildung als Herausforderung im 21. Jahrhundert. Berlin: Berlin-Verlag, , S. 93-100.

Weinberg, J. (1999): Lernkultur – Begriff, Geschichte, Perspektiven. In: Arbeitsgemeinschaft für berufliche Weiterbildungsforschung (Hg.): Kompetenzentwicklung `99, S. 88.

Weinert, F. E. (2000): Lernen der Lernens. In: Bildung, Forum (Hg.): Erster Kongress des Forums Bildung am 14/15. Juli 2000 in Berlin. Bonn: Geschäftsstelle der Bund-Länder Kommission für Bildungsplanung und Forschungsförderung.

Werner, B. (2006): Status E-Learning an deutschen Hochschulen. Studie innerhalb des Projekts PELe. Institut für Wissensme dien [http://www.e-teaching.org/projekt/fallstudien/Status_des_ELearning.pdf] (31. 8. 2011).

Wildt, J. (2011): Zwischen Skylla und Charybdis – Psychodramatische Reflexionen zur Kompetenzentwicklung am Beispiel von Hochschullehrenden. Zeitschrift für Psychodrama und Soziometrie 2011(1), 99-108.

Winter, M. (2002): Studienqualität durch Evaluation und Akkreditierung – vier Entwicklungsszenarien. In: Reil, T./Winter, M. (Hg.): Qualitätssicherung an Hochschulen: Theorie und Praxis. Bielefeld: W. Bertelsmann Verl., S. 110-124.

Winter, M. (2009): Das neue Studieren. Chancen, Risiken, Nebenwirkungen der Studienstrukturreform: Zwischenbilanz zum Bologna-Prozess in Deutschland. Wittenberg: Arbeitsbericht des Institut für Hochschulforschung.

Zechlin, L. (2003): Die autonomisierte Universität. Zur Modernisierung der österreichischen Universität. In: Beiträge zur Hochschulforschung 4/2003, S. 6-16.

Zeichner, K. M. (1990): Educational and Social Commitments in Reflective Teacher Education Programs. Proceedings of the National Forum of the Association of Independant Liberal Arts Colleges for Teacher Education. Milwaukee.

The manufacturer's authorised representative in the EU is Springer
Nature Customer Service Centre GmbH, Europaplatz 3, 69115 Heidelberg,
Germany. If you have any concerns regarding our products, please
contact ProductSafety@springernature.com

Printed and bound by CPI Group (UK) Ltd, Croydon, CR0 4YY
01/05/2026
02101002-0006